욕망과 희망 사이

욕망과 희망 사이

초판발행 2024년10월 4일

지은이 강현자
펴낸이 신지원
펴낸곳 도서출판 소소담담
등 록 2015년 10월 7일(제2017-000017호)
주 소 대구광역시 북구 호국로43길 7-19
전 화 053-953-2112

ISBN 979-11-94141-05-1(03810)
ⓒ 강현자, 2024

* 책값은 뒤표지에 있습니다.
* 저자와 출판사의 사전 동의 없는 무단 전재 및 복제를 금합니다.
* 이 책은 충청북도, 충북문화재단의 후원을 받아 문화예술육성지원사업의 일환으로 발간되었습니다.

욕망과 희망 사이

강현자 수필집

솔솜
담담

• 작가의 말

감잎만 하여라

　창밖으로 감나무가 보인다. 그 자리에 늘 있으려니 무심히 지나쳤던 나무다. 감나무 아래 장독들도 그냥 그 자리에 그대로다. 모든 것이 정지된 채 간간이 불어오는 바람에 감잎만 살랑살랑 분주하다. 딱 내 모습이다. 딱히 내세울 것도 없고 지극히 평범한 삶인데 늘 발만 동동 구르며 살아간다. 그렇다고 뾰족하게 나아지는 것도 없는 듯한데 말이다.

　감잎은 순을 틔우고 색을 진하게 칠해가며 하루하루 도톰해졌다. 지금은 앙증맞게 매달린 열매를 숨겨주느라 분주한지도 모르겠다. 어쩌면 단풍을 준비하느라 그런지도.

　나도 그럴까? 바람에 흔들리는 저 감잎처럼 하루하루 변해가는 중이면 좋겠다. 내 글도 감잎처럼 살지고 단풍 들어 언젠가는 농익은 글쟁이가 되지 않을까? 하지만 바람일 뿐이다.

　끊임없이 좌절하고 다시 일어서면서 때로는 욕망을 희망이라 착각하며 살아온 적이 많다. 하나씩 내려놓아야 하는데 그게 잘 안되는 것이 인생인가 보다. 욕망과 희망 사이에서 오늘도 난 서성인다. 그나마 수필을 쓰면서 내려놓는 연습을 할 수 있다는 것이 작은 위안이다.

별마루로 이사 와 전원생활을 하면서 조금씩 자연을 닮아간다. 풀, 꽃, 나무, 동물들이 하는 말에 귀를 기울이면 그 안에 삶의 지혜가 있고 철학이 있고 과학이 있음을 그리고 그 안에 내가 있음을 깨닫는다. 그들의 불언지교不言之敎를 틈나는 대로 받아썼다.

두 번째 수필집이다. 반쯤 열린 대문 안에서 밖으로 나서질 못하고 주춤거리는 아이처럼 두렵다. 하지만 완성보다 과정에 의미를 두기로 했다.

그동안 나를 채우고, 비우고, 울고 웃었던 이야기들을 넝큼 내놓는다. 제1부에서는 나를 찾아가는 모습을, 제2부에서는 가족을 소재로, 제3부에서는 이웃과의 이야기를 모았다. 제4부에서는 그동안 발걸음이 닿았던 곳에 대한 나름의 사유를, 그리고 5부에서는 사회를 바라보는 시선을 모았다.

책을 낼 수 있도록 도와주시고 옆에서 응원을 아끼지 않는 모든 분들께 감사드린다.

2024년 9월 별마루 서재에서
주연 강현자 쓰다

|차|례|

- 작가의 말 4
- 렌즈로 읽는 수필 11

1부

버리지 못하는 버릴 수 없는 19

착각 23

붉은 모과 26

낯선 하루 31

겨울 냉이 36

뜬구름 잡으러 40

매미 45

초대받지 않은 꽃 50

욕망과 희망 사이 53

2부

사과꽃이 피었다 59

하얀 그림자 65

파랑새는 어디에 69

어머니의 섬 73

가시처럼 따갑고 보늬처럼 떫은 78

누룽국 83

사이다 88

3부

태풍 95

수제비로 끓어나는 화和 99

나팔꽃과 유리벽 103

이건 비밀입니다만 108

나르시스가 기다린 님프 114

가시를 빼다 119

굽은 길을 걸으며 122

날마다 천국 127

시골쥐 서울쥐 130

4부

염원을 담다 135

환희산에 안기다 142

소리의 비밀을 찾아 149

오창 양지리에 가면 156

비로자나불의 숨결 160

세 여자 그리고 바람 165

망각의 미소 170

향기 나는 굴뚝 175

5부

숨소리 183

내비둬유 187

허물 190

겉과 속이 다른 여자 193

심심하면 안 되나요? 198

행복센터 201

가지치기 205

호떡과 햄버거 210

【출간에 부쳐】
그림자에서 벗어나는 용기 | 이방주 213

|렌|즈|로|읽|는|수|필|

꼬마 전구에 불이 켜지면 이제
마음놓고 봄이다.
― 〈초대받지 않은 꽃〉 중에서

어머니의 섬에는 내가 모르는 당신만의 세계가 따로 있는 것일까? 안타까워하는 나와 달리 아무런 걱정도 두려움도 없으시다. 순사 아저씨들과 노느라 엄마를 외면한 여섯 살 막내딸이 그랬던 것처럼.

- 〈어머니의 섬〉 중에서

유리창에 바싹 기대어 커다랗게 입을 벌리고 핀 나팔꽃이 그동안 나의 게으름을 세상 밖에 대고 소문이라도 낼 것 같다.

— 〈나팔꽃과 유리벽〉 중에서

그림자 안에서 최선이라고 생각했던 그런 것들이 최선이 아니었다는 것을 많은 시간이 지난 뒤에 조금씩 알게 되었다. 사랑을 가장한 집착. 그림자는 집착의 또다른 이름이었다.

― 〈하얀 그림자〉 중에서

그래도 버리지 못하는 것임을,
함부로 버릴 수 없음을,
그냥 먼지로 살아갈 것임을
알아가는 중이다.
　　　　－〈버리지 못하는 버릴 수 없는〉 중에서

누구의 관심도 지금 그에게는 전혀 도움이 되지 않을 거란 걸 안다. 아니 어쩌면 지금 일어서고 있는 중일 것이다. 기다려주는 것, 그가 다시 일상으로 돌아올 때까지 기다려주는 것만이 내가 할 수 있는 최선인 것 같다.

― 〈태풍〉 중에서

1부

버리지 못하는 버릴 수 없는

착각

붉은 모과

낯선 하루

겨울 냉이

뜬구름 잡으러

매미

초대받지 않은 꽃

욕망과 희망 사이

버리지 못하는
버릴 수 없는

    천지가 뒤집히는 것은 찰나였다. 거만하게 직립보행을 하던 한 인간이 순식간에 납작 엎드려 콘크리트 바닥과 혼연일체가 되었다. 육중한 무게의 추락은 무의식의 늪에서 꼿꼿하던 오만함을 무참히 꺾어버렸다.
    줄지어 주차된 자동차들 뒤에서 비명을 지를 겨를도 없이 잠깐 사이에 일어난 일이다. 보는 사람이 없어 다행이다. 누가 오기 전에 얼른 일어나야 한다. 양쪽 무릎과 어깨에 통증이 느껴졌다. 어느 곳으로도 중심을 잡을 수 없어 한동안 그대로 엎드려 있었다.
    몸살감기로 집에 누워있다가 겨우겨우 한의원으로 가는 중이었다. 몸살 기운에 정신이 혼미하여 어찌어찌 운전은 하고 갔지만 주차장 바닥의 배수홈을 보지 못하고 걸려 그대로 엎어진 것이다. 엉거주춤 절룩거리며 들어간 내게 의사는 침을 놓아 응급처치를 해주었다.

집으로 돌아와 누우려는데 속이 메스껍고 울렁거린다. 시간이 지날수록 정도가 점점 심해 참을 수가 없다. 아마도 지난 주말 손주를 괴롭히던 로타바이러스가 내게로 와 둥지를 틀었나 보다. 이미 감기가 터를 잡았노라고 화장실 변기를 붙잡고 통사정을 했더니 그동안 품고 있던 오욕칠정을 모두 꺼내놓으란다.

욕심, 욕심, 그리고 욕심… 비움의 순간이 그리 만만한 것이 아니다. 천지가 또 뒤집힌다. 숨이 턱까지 솟구치며 세상이 노랗다. 숨이 꼴깍 끊어졌다 이어진다. 끝도 없이 쏟아낸다. 그동안 내가 품고 있던 것들이 이리도 많았던가. 세상이 또 한 번 뒤집힌다. 소중하다 여기며 내 안에 차곡차곡 쟁여놓았던 것들. 꺼내놓고 보니 추하기 이를 데 없다.

새벽녘이 되자 사색의 방에서 또 나를 부른다. 아직 남은 게 있단다. 마지막 물 한 방울까지 탈탈 털어갈 모양이다. 가져가라, 가져가라, 내 것은 본디 하나도 없었느니라.

무엇을 이루려고 아등바등 모으려고만 했던가. 그래서 남은 게 무엇인가. 돈, 명예, 명성, 사람…. 이룬 것이 아무것도 없다. 힘들다 힘들다 하면서 무엇을 위해 살아온 것일까. 내게 과연 꿈이란 게 있기나 했을까? 참고 열심히 살면 언젠가는 옛 이야기하며 사는 좋은 날이 올 것이라는 희망을 가진 적은 있었다. 이제 그나마 그런 꿈을 꿀들 허락된 시간도 많지 않다. 부단히도 붙잡고 있었던 것들, 하지만 아무것도 남아있지 않은 지금, 생의 끈을 놓는다 한들 한 조각 미련도 없을 것 같다.

세상의 바깥으로 던져지는 마지막 순간에 나는 과연 어떤 모습을 하고 있을까. 이성을 놓지 않은 평상시의 모습일까, 아니면 정신줄을 놓은 채 변해버린 전혀 다른 모습을 보일까. 억누르고 살았던 나의 본능이 그대로 나타난다면 과연 그 모습은 어떤 모습일까. 하지만 이런 생각들이 다 무슨 소용이랴. 하루도 허투루 산 적이 없는 것 같은데 그 결과는 아무것도 없다. 열심히 달려서 지금 여기까지 와 있다는 그 사실 하나만이 결과다.

전에 남기성 작가의 사진전을 보러 간 적이 있다. 작가는 집 안을 청소하다가 발견한 머리카락에 엉킨 먼지와 모니터에 앉은 먼지를 소재로 사진을 찍었다. 까만 배경에 무질서하게 떠다니는 먼지의 모습은 끝이 없는 우주를 떠도는 별들과 같았다. 어쩌면 그 먼지가 바로 나 자신인지 모른다고 생각했다. 한낱 미물에 불과한 먼지가 무엇을 이루겠다고, 아니 이루지 못했다고 그토록 아우성이란 말인가. 아무것도 갖지 않았어도 먼지요, 숨 가쁘게 움직여 악착스레 내 것으로 모았어도 한갓 먼지에 불과한 것을.

법륜 스님은 삶에 어떤 의미도 부여하지 말라고 했다. 색즉시공 공즉시색色卽是空空卽是色이다. 무엇을 위해서 사는 게 아니라 그냥 사는 거란다. 잘 되었든 잘못되었든 그냥 사는 거다. 이런들 어떠하고 저런들 어떠하리.

혼자가 되고 나서 처음으로 아팠을 때, 참 행복하다고 느꼈다. 약을 먹고 누워 쉬는데 아무런 부담이 없는 것이다. 아픈 몸 끌고 일어나 누구에게 밥상을 차려줄 일도 없고 집안일이 밀려도 누가 뭐랄 사람 없으니 내 몸이 일어나고 싶어질 때까지 누워 쉴 수 있었다. 누구 손에 약봉지 들려 먹어 본 적도 없으니 오히려 상대적 외로움을 느낄 필요도 없었다. 몸은 아파도 마음은 참 편안해서 좋았다.

지금도 그렇다. 누가 있다고 덜 아프고 아무도 없다고 더 아픈 것이 아니잖은가? 때가 되면 가라앉을 것을 그걸 이기지 못한대도 어쩔 수 없다. 오라면 오고 가라면 가고 달라면 주고 주면 받고…. 다 그런 거지.

다시 으슬으슬 한축이 난다. 주섬주섬 일어나 쓰디쓴 약을 넘긴다. 그래도 버리지 못하는 것임을, 함부로 버릴 수 없음을, 그냥 먼지로 살아갈 것임을 알아가는 중이다.

착각

제 잘난 맛에 산다는 말이 있다. 이 말에 자유로운 사람은 아마 없을 것이다. 내가 잘났다는 착각이 있어야 자신감도 뿜뿜 솟는다. 착각은 활력이다. 망상이라면 곤란하지만 착각은 생활의 윤활유가 되기도 한다. 나 자신에 대해 정확하게 아는 대로만 산다면 세상살이가 얼마나 심드렁하겠는가.

벌써 오래전 일이다. 동호회 모임이 끝나 모두 헤어진 후였다. 행사를 준비하느라 피로를 느끼며 집으로 돌아오자마자 그날 멀리서 참석했던 회원들에게 문자를 보냈다. 행사에 참여해 주셔서 감사하다는 말과 안전하게 귀가를 잘하시라는 등, 지극히 의례적인 인사일 뿐이었다.

문자에 대한 답을 보낸 사람 중 유독 눈에 띄는 사람이 있었다. 그의 답글은 매끄럽지 않은 문장이지만 진심 어린 감사의 마음이 엿보였다. 거기까지는 좋았다. 문제는 다음 모임에서였다.

그는 유독 외모에 신경을 쓰고 나왔다는 것을 한눈에 알아볼 수 있었다. 전과 다르게 2:8로 가르마를 타서 단정하게 무스를 바른 것이며 화려한 야자수 무늬의 새 셔츠가 왠지 그에게는 어울리지 않아 보였다. 멀리서도 눈에 띄는 와인색 팬츠도 그에게서는 어색하게 튀었다. 멀찍감치 앉아서 자꾸 내게로 눈길을 주는 모습이 여간 부담스러운 것이 아니었다. 특별히 할 말이 있을 일도 없다. 왜 저러지? 이유를 알 수 없었다. 혹시 내게 호감이라도? 말도 안 될 일이다.

황당한 일은 여기서 그치지 않았다. 그다음 모임에는 싱싱한 두릅 두 상자를 갖고 왔는데 한 상자는 회원 전체를 위한 것이었고 하나는 내게 전하는 것이었다. 이걸 받아도 되나? 이상했지만 다른 회원들은 뭐 어떠냐며 그냥 받으란다. 참 이상한 일이었다. 그의 존재는 점점 부담으로 다가왔다.

왜 그럴까 아무리 생각해도 모를 일이었다. 내가 그에게 특별히 관심을 보인 것도 아니고 남달리 어떤 관계의 끈이 있는 것도 아니었다. 그와 소통한 것이라곤 지난번 모임에서 의례적인 문자를 보낸 것이 고작이다.

아마 그에게는 그 문자가 크게 다가왔던 것이 아닐까. 소문을 듣기로는 농수산물 시장에서 경매를 하는 분이란다. 억척스럽고 왁자한 시장 상인들과 함께 생활하다 보면 오가는 말들이 나긋나긋할 수 없을 것 같기도 하다. 그러니 안위를 물어주는 친절한 문자에 감동을 받았는지도 모르겠다. 목이 마른 이성계가 우물에서 물을 청했을 때 버들잎을 물바가지에 띄워 건넨 여인에게 마음을 빼앗기듯이 말이다.

  그의 착각이 부담스러워 더는 그 모임에 나가지 않았다. 이후에도 그를 만나보거나 소식을 들은 적도 없다. 다만 그때의 일이 떠오를 때마다 혼자 속앓이를 했을 그를 생각하면 미안하기도 하지만 그도 그 순간만큼은 일상에 활력을 얻었을지도 모를 일이라며 내 방식대로 해석하곤 했다.

  그런데 가만, 여지껏 착각을 한 것은 오히려 내가 아니었을까 하는 생각이 불현듯 드는 것은 어인 일인가.

붉은 모과

창밖에 걸린 봄볕이 주춤주춤 겨울을 밀어낸다. 봄을 찾아 나섰다. 우암산 아래 용화사에 가면 먼저 와서 기다리고 있겠지. 미륵불 뒤로 능수벚나무가 긴 머리채를 죽죽 늘어뜨렸다. 가지마다 꽃망울이 금방이라도 터져버릴 듯 가쁜 숨을 몰아쉰다. 광채가 난다. 달달한 봄볕에 취해 자몽한데 은근한 향이 나를 이끈다. 코를 벌름거리며 향을 따라 발길을 옮겼다. 오케스트라가 처음 시작될 때의 크레센도 연주처럼 희미하던 향기가 점점 가까이 다가온다. 자극적이지 않다. 낯설지도 않다. 두리번두리번 주변을 둘러보았다. 뭘까?

마른 풀더미 위에 모과 서너 개가 아무렇게나 놓여있다. 그런데 붉다. 봄볕을 얹은 색이 더욱 화려하면서 1월의 탄생석

가넷처럼 붉다. 붉은 모과라…. 처음 보는 붉은 모과가 궁금했다. 어떻게 이런 빛깔을 담을 수 있을까. 집으로 가져갈까? 마른 풀더미 사이로 삐쭉이 생명을 올리는 새싹처럼 탐심이 슬그머니 고개를 든다. 바닥에 닿았던 부분에는 골이 깊게 패고 검은 흉터가 있다. 뒤집어보지 않았다면 고혹적인 붉은빛에 반하여 그의 아픔을 보지 못했을 것이다. 겉으로 보이는 아름다움 뒤에 가려진 상처를 우리는 모르고 지나는 때가 있다. 그의 상처를 함부로 건드릴 수가 없다.

모든 고통과 고난을 해탈하고 난 뒤의 빛깔이 이럴까? 연둣빛 모과가 저리 붉게 되기까지 얼마나 많은 시련을 겪었을까. 붉은 빛깔 만큼이나 향기도 짙다. 서러움과 허망함에 어찌지 못하는 마음이 붉게 노을 진 것일까. 마지막으로 목을 놓아 우느라 저리도 붉은 것일까. 진한 눈물만큼 향기가 붉다.

저 붉은 모과처럼 모진 시간을 보낸 적이 있었다. 그때도 난 이 용화사를 찾았다. 거리엔 오가는 사람도 드물고 이따금 바람에 이리저리 날리는 쓰레기 나부랭이가 꼭 내 마음 같았다. 11월의 무직한 하늘은 아침부터 눈이라도 쏟아낼 듯 스산했다. 내게 불심이 있어서라기보다 좀처럼 풀리지 않는 법정 다툼에서 이제 나의 기도밖에는 달리 방도가 없다는 변호사의 조언이 나를 이곳으로 이끌었다. 그는 무엇이라도 붙잡고 기도를 하라고 권했다. 나무라도 좋고 돌이라도 좋다고 했다.

자신의 경험과 촉으로 보건대 어머니도 누구도 아닌 아내의 기도가 가장 절실한 것 같다고 했다. 나는 지푸라기라도 잡아야 했다. 하지만 딱히 신앙이 없는 나로서는 용화사가 그래도 마음 편한 곳이었다. 이 근처에 살던 고3 때 새벽마다 범종 소리가 나를 깨운 기억 때문일까? 수십 년이 지난 지금도 가끔 이유 없이 발길이 닿는 곳이기도 하다.

누구라도 붙잡고 답답한 마음을 털어놓고 싶었지만 세상의 언저리에서 홀로 서성이는 나를 발견했다. 누구의 눈에도 띄고 싶지 않았고 대웅전에 들어설 용기도 없었다. 그곳을 지나 위쪽에 작은 법당이 보였다. 사람들을 피해 숨어들 듯 그곳 문을 열었다.

마침 아무도 없다. 어두침침하고 썰렁한 기운이 온몸을 훅 끼얹는다. 불상 앞에 방석을 가지런히 놓고 치렁치렁한 염주를 들었다. 무엇이 잘못되어 가고 있는 것은 분명했지만 손발이 묶인 사람에게서 들을 수 있는 이야기는 면회 때 듣는 조각난 이야기뿐이었다. 변호사 책상 위에 탑을 쌓듯 변론 자료를 준비하는 데도 지쳐가고 있었다. 나는 이 난관을 이겨내고야 말 것이라 다짐했다. 신은 감당할 수 있는 만큼의 고통을 준다고 했으니 내가 어떻게 이겨내는지 지켜보시라 했다. 바닥까지 길게 드리운 염주 알이 하나씩 엄지에 밀려 손바닥을 미끄러져 내린다. 눈을 감은 채 숨은 가슴까지 차오른다. 온

몸을 흥건히 적신 땀이 오만하던 마음을 낱낱하게 풀어주고 있었다. 위에 계신 분은 나를 속속들이 다 들여다보고 있겠지. 내가 할 수 있는 거라곤 아무것도 없다. 절대자가 있다면 그분께서 모두 주재하시리라. 숨소리가 거칠어질수록 나의 존재는 점점 작아졌다. 머리칼이 얼굴에 엉겨붙는다. 순간 등 뒤로 법당 문살이 환하게 비쳐왔다. 이제 날이 개나 보다.

이미 내 육신은 내 것이 아니었다. 어깨 위에 얹은 맷돌이 빠져나가듯 마음이 홀가분했다. 여전히 열리지 않은 묵직한 하늘을 머리에 이고 집으로 돌아와 그대로 쓰러졌다.

"○○○ 씨 댁이죠? 오전에 갈아입을 옷 가지고 오세요, 오늘 나갑니다."

우연인지 기도 덕분인지 바로 다음 날 그의 족쇄가 풀렸다. 그 후로도 억울한 누명을 모두 벗는데 5년이란 긴 세월이 걸리기도 했지만 내게 남은 생채기는 오래도록 아물지 못했다.

가을이 다 가도록 누구의 손에도 선택되지 못한 모과는 허망한 생을 마감하러 가는 중이었을 게다. 배웅하는 이 없는 외로운 길을…. 바닥으로 생명을 떨군 열매의 외로움은 차라리 아름다웠다. 추운 겨울 모진 칼바람과 겨울 햇살에 다져진 인고의 결과일 것이다. 누구에게나 드러내고 싶지 않은 상처는 있다. 속이 썩어 문드러지도록 아파본 그런 사람에게서는 향기가 난다. 아픈 사람을 만나면 요란한 말이 아닌 조용한 눈빛만으로도 위로를 전한다. 고통을 만져본 만큼의 진한 향기가 배었다. 못생겨도 좋을 일이다.

  붉은 모과는 이제 점점 무르고 썩어서 다음 생을 기약하리라. 나도 언젠가는 생을 다하는 날이 오겠지. 상처가 발효되어 진한 향기를 품을 수 있다면 내게선 어떤 향기가 날까?

낯선 하루

나뭇가지 사이를 오가는 거미가 슬금슬금 줄을 탄다. 숨을 멈춘 듯 가만있다 갑자기 쭉 오르는 녀석들이 눈에 들어온다. 마침 특별한 일정이 없어 여유롭게 커피나 마시자 했다. 마당으로 나가 벤치에 앉았다. 커피잔에 한 줌 햇살이 담긴다. 끈적한 장마가 턱 아래까지 왔으니 오늘 아침 같은 볕뉘가 왜 아니 고마우랴.

아, 얼마 만에 누려보는 한가로움인가. 이럴 때 언니에게 전화라도 해볼까? 막냇동생은 어떻게 지내고 있을까? 지난번 가족 단톡방에서 무슨 얘기가 오갔더라? 이런저런 생각을 하다 퍼뜩 스치는 것이 있다. 오늘인가? 다음 주인가? 19일인데 가만있자, 오늘이 19일이잖아. 맞나? 맞다.

아차 싶었다. 오늘이 아버지 기일인데 지나치리만큼 융통성 있는 친정집 장남이 낮 12시에 제사를 지낸다고 했겠다. 지금이 10시니까 두 시간밖에 남지 않았다. 풍선 바람 빼며 솟구치듯 잽싸게 엉덩이를 일으켰다.

오랜만에 만나는 동생들이니 뭐라도 손에 쥐여주고 싶었다. 어줍은 손길보다 마음이 저만치 앞서간다. 텃밭으로 가 상추도 따고 쑥갓도 준비했다. 마트에 가면 쉽게 구할 수 있는 흔한 채소지만 땅내 맡으며 내 손으로 키운 맛과 비교하랴. 엊그제 수확한 마늘도 조금 담고 양파도 몇 개 가방에 넣었다. 마늘보다 양파보다 더 가득 담긴 것은 초보 농사꾼의 자랑하고픈 마음이었다.

집을 나서려는데 신발이 말썽이다. 밭에서 묻어온 흙 때문에 현관이 엉망이 되어버렸다. 대충대충 호스로 물을 뿌려 씻어내고 시동을 걸었다. '어떻게 좀 해 줘, 날 좀 치료해줘. 이러다 내 가슴 다 망가져…' 때마침 백지영의 '총 맞은 것처럼'이 흘러나와 흥얼거린다.

서두른 덕에 다행히 늦진 않을 테지만 미리 가서 손을 보태지 못해 미안하다. 작은 올케도 서울에서 내려오니 큰 올케 혼자서 얼마나 힘들었을까. 제사나 차례에 대해 요즘은 지내니 마니, 말도 많고 탈도 많은 세상이다. 세월 따라 방식은 조금씩 변하겠지만, 바쁘고 힘들다고 우리의 전통문화를 왜곡하거나 없앤다는 것은 말도 안 된다. 이런 생각을 하면 꼰대라고 해도 하는 수 없다. 때마다 정성으로 준비하는 올케가 미덥고 고맙기만 하다.

거의 도착할 때쯤 뒷자리를 힐끗 돌아보았다. 허전하다. 상추와 쑥갓을 잠깐 냉장고에 넣고는 그냥 왔다. 내 정신이라니…. 어쩌겠나, 이미 출발한 것을. 도착해 차에서 내리고 보니 뒷좌석 바닥에 있어야 할 마늘과 양파도 없다. 믿고 싶지 않은 황당한 이 상황은 분명한 사실이다. 신발 신을 때 물청소 하느라 잠깐 손에서 내려놓고는 그대로 돌아섰나 보다. 결국 빈 손으로 인터폰을 눌렀다. 1.1.0.4. 또박또박 누르고 기다리는데 생소한 목소리가 나온다. 우리 장남네 집이 아니란다. 메모했던 주소를 확인하니 1404호였다. 이런.

오늘이 기일인 줄 모르고 미용실을 예약해 놨기에 제사가 끝나자마자 서둘러 미용실로 향했다. 오늘따라 유독 잦은 실수가 예사롭지 않다며 푸념을 늘어놓았다. 머리하러 온 손님과 원장 왈, 원래 그런 날이 있단다. 나를 위로해 주려는 마음이 고맙긴 하지만 그렇다고 붕 뜬 마음이 가라앉는 것도 아니었다. 모처럼 갖는 여유로운 시간인데 뭔지 모르게 불편하다. 막 떠나려다 주저앉히기라도 한 것처럼 왠지 안절부절이다. 누가 닦달하는 것도 아닌데 마음은 붕붕 허공에 매달렸다. 아무리 눌러도 가라앉지 않는 물 위에 뜬 스치로폼 같다.

머리를 손질하고 집에 돌아와 보니 휴대폰이 없다. 아, 진짜 오늘 왜 이러지? 오늘의 일진을 증명해 보이듯 그대로 미용실로 되돌아가 휴대폰을 찾았다. 집으로 가는 길에 이왕이면 세차를 하고 가자 했다. 차일피일 미루던 터라 나온 김에 하는 것이 낫겠다 싶었다. 주말이라 그런지 세차하려는 차들이 꼬랑지를 길게 물고 섰다. 나도 꽁무니에 붙어 잠시 시동을 껐다. 조금 있으려니 앞차가 앞으로 빠져 다시 시동을 걸었다.

이상하다? 브레이크가 안 풀린다. 뭐가 잘못됐지? 처음부터 차근차근 다시 해보았다. 역시 안 된다. 서비스센터에 연락했더니 견인을 해야 한단다. 여태 이런 일이 없었는데 웬일일까. 도로 한가운데서 이런 일이 생겼다면 어땠을까 생각만으로도 끔찍하다. 긴급출동 서비스를 불러 바로 견인차가 도착했다. 몇 번 시도를 해보더니 브레이크가 풀리고 시동이 걸렸다. 내가 하면 안 되던 것이 그가 하니 된다. 내가 뭘 잘못했냐고 물었다. 이 회사의 자동차가 원래 이렇게 잔고장이 많다는 말만 남기고 그는 훌쩍 가버렸다.

이런 걸 두고 머피의 법칙이라고 하던가? 머피의 법칙을 부정하는 사람들은 이런 경우를 '선택적 기억'이라고 한단다. 안 좋았던 일만 골라서 기억한다는. 그럼 오늘 내게 선택되지 못한 기억은 뭐였을까?

한 줌 햇살을 넣어 커피를 마시며 잠깐이지만 만용을 부릴 수 있어 좋았다. 몇 날 며칠을 벼르고 벼르다 겨우 간 미용실에서 숙제처럼 미뤄오던 머리 손질도 해치웠고 오랜만의 수다도 맛깔난 양념이었다. 시간을 재지 않고도 마음 내키는 대로 세차장으로 향할 수 있어 얼마나 느긋했던가. 이만하면 괜찮은 날 아닌가. 오늘 일어난 모든 일은 내일 다시 이어질 후유증도 없는 것들이니 이만하면 다행이다. 모처럼 주어진 한가로움이 낯설었고 익숙하지 못한 여유에 대한 낯가림이었을 게다. 하루도 다 갔으니 이제 너는 말썽 생길 일이 없으리라.

잠옷을 갈아입기 위해 서랍을 열었다. 멀쩡하던 서랍 손잡이가 툭 하고 떨어지며 나를 쏘아본다. 아, 총 맞은 기분이다. 낯선 하루여, 이제 그만….

겨울 냉이

12월 마지막 날이다. 하늘이 무직하다. 미세먼지 틈새로 그나마 포근한 기운을 내려주어 텃밭으로 가보았다. 가으내 힘을 쏟아내고 남은 밭은 황량하기 그지없다. 쌓였던 눈도 어느새 녹고 신발에는 질척한 흙이 들러붙는다. 드문드문 푸릇한 생명이 숨바꼭질하듯 보일 뿐, 올 한 해의 부스러기들이 여기저기 흩어진 채 밭은 고요하다. 지난봄부터 마지막 거둠 때까지의 일들을 떠올리며 천천히 발길을 옮긴다. 샘솟듯 부풀어 오르는 희망과 무수한 땀방울이 배어있던 흙이다. 내 욕심만큼 응답을 해주진 않았어도 희망가를 불러주며 나의 발걸음을 무던히도 불러냈는데….

가만, 냉이가 발아래서 나를 빤히 올려다본다. 봄의 전령사라고 하는 냉이가 봄은커녕 소한도 아직 멀었는데 어쩌자고 벌써 나왔을까? 색깔이 흙과 비슷하여 눈에 잘 띄지 않더니 자세히 보니 여기저기 무더기로 나왔다. 요 며칠 세상을 꽁꽁 얼어붙게 했던 기습한파를 용케도 버텨냈다. 맨 아래 떡잎은 얼어서 이미 물렀으나 자줏빛 이파리는 광택이 난다. 냉이의 표정이 당당하고 밝다. 불그죽죽 톱날처럼 삐죽삐죽한 잎사귀에서 언젠가 육거리시장에서 만났던 할머니의 손이 보인다.

볕이 따스한 봄날이었다. 할머니는 겨울을 이겨낸 무 몇 개를 펼쳐놓고 혼자서 팔고 계셨다. 나는 무를 사면서 그 앞에 쭈그리고 앉아 주거니 받거니 어느새 말동무가 되었다. 할머니의 이야기는 갖고 온 무 보따리보다 더 풍성하여 실타래 풀 듯 끝없이 이어졌다. 앉은 김에 할머니 말벗이나 해 드리자고 마음먹은 순간 무릎을 세워 감싼 손이 눈에 들어왔다. 분명 손가락이 열 개는 맞는데 깍지 낀 손가락이 가지런하지 않다. 마디마디가 뒤틀리고 굽어져서 옹이가 되었다. 까슬까슬하던 손끝엔 굳은살이 박였다.

소소리바람이 불 때도 냇가에 나가 언 손 호호 녹여가며 빨래를 했을 손이다. 봄가뭄 피죽바람에도 흙을 솜 만지듯 호미로 땅을 일구었을 것이다. 허리 펴고 하늘 한 번 올려다보지 못하고 땅에 코를 박은 채 땀방울을 심었겠지. 산에서 해 온 나무 뚝뚝 분질러 아궁이에 넣다가, 부지깽이가 때로는 아들

놈 가르치는 회초리가 되기도 했을 것이다.

 꽃샘바람도 아랑곳하지 않고 촉을 올린 냉이처럼 손만 보아도 어떻게 살아오셨는지가 한눈에 보이는데 할머니 표정은 앳된 소녀처럼 밝다. 얼굴을 덮은 굵은 곡선은 세월에 맞서지 않고 순응하며 바람처럼 살아낸 주름 꽃이었다. 시내 중학교 수학 선생님이었다는 아들은 이런 장사를 하지 말라고 극구 말리지만 할머니 고집을 못 이겨 장에 올 때마다 요 앞까지 늘 차로 태워다 준단다.

 먼저 간 남편 몫까지 혼자 힘으로 그렇게 키워낸 아들이다. 남들 가르치는 학교 선생인 것도 대견하고 여기까지 짐을 날라다 주는 효자 아들이 대견하다. 그런 듬쑥한 아들을 키워낸 손이 아니던가. 물기 없는 손에 실금이 하얗다. 투박하고 거친 손이 얼음 밭의 냉이 같다. 낯꽃이 핀 할머니의 모습 앞에 쪼그려 앉았던 것처럼 하마터면 밟을 뻔했던 냉이 앞에 쪼그리고 앉는다. 눈에 잘 뜨이지는 않지만 강한 생명력과 향을 가진 냉이. 할머니의 손도 그랬다.

 익어 문드러져 가는 과일이나 부러진 냉이 뿌리에서 나는 향기가 더 진하듯, 별 기대하지 않았던 사람에게서 느낀 온유한 감정은 여운이 더 오래간다. 온실에서 가꾼 화려한 꽃보다 두엄 밭의 냉이에 더 마음이 가고, 겉만 번지르르하게 가꾼 사람보다 수수하면서도 속정 깊은 사람에게 더 마음이 간다. 고개를 숙이지 않았더라면 보지 못했을 냉이의 얼굴이다. 마주 앉아 이야기를 듣지 않았다면 보지 못했을 할머니의 손이다. 자세히 보아야 예쁘고 오래 보아야 사랑스럽다고 했던가. 오늘이 맵고 내일이 고달프더라도 매몰찬 세상 한번 옹골지게 버텨 볼 일이다. 혹시 누가 알겠는가? 자세히 보아 주고 오래 보아줄 누군가가 내게도 있을지.

  빛나지 않는 오늘이어도 괜찮다. 알아주는 이 없어도 괜찮다. 추운 냉기를 머금고 생명력을 피운 겨울 냉이처럼 숱한 세월을 건너온 할머니처럼 나는 오늘도 특별하지 않지만 특별한 하루를 엮는다.

  이제 막 겨울이 무르익어 가는 참에 우연히 만난 겨울 냉이를 한 움큼 집으로 데려왔다. 뚝배기 안에서 몸을 푸는 냉이 향. 할머니의 손맛 같은 훈훈한 향이 집 안에 가득하다.

뜬구름 잡으러

 뭉게구름은 유혹이다. 한여름 장마가 그치고 난 뒤의 하늘은 선물이다. 어렸을 때의 그런 구름 하늘은 동화 나라였다. 갖가지 동물 모양을 만들었다 사라지는 뭉게구름을 보며 혼자서 스토리를 꾸며내곤 했다. 문득 올려다본 오늘 하늘이 그렇다. 겹겹이 몽글몽글 피어오른 구름 떼가 하늘을 가득 메웠다. 손에 잡힐 듯 낮게 뜬 솜구름을 볼 때마다 대바구니에 담아 폭신폭신 만져보고 싶은 마음이 들곤 한다. 하지만 지금 내게 있는 건 대바구니가 아니라 카메라다. 맞아, 지금이야.
 나는 그렇게 유혹에 걸려들고 말았다. 아니 내 스스로 유혹에 빠져버렸다. 구름은 그저 떠 있을 뿐인데…. 내게로 다가오는 유혹이건 내가 스스로 걸어 들어가는 유혹이건 내게 유혹의 문은 한없이 열려있나 보다. 배고픈 어린 내게 빠알갛게 익은 뱀딸기가 뿌리치기 힘든 유혹이더니 여태껏 살면서 크고 작은 유혹에 걸려 헤어나기 힘들었던 때가 어디 한두 번이던가.

예닐곱 마리의 거대한 악어 떼가 시퍼런 호수를 향해 기어들어 가는 악어섬 사진을 보고 한동안 눈을 떼지 못한 적이 있다. 퍽 오랫동안 가슴에 품고 잊지 못하였다. 뜻이 있는 곳에 길이 있다고, 그곳이 어딘지 어디로 가서 찍으면 되는지 이리저리 검색 끝에 결국 알아내고야 말았다. 도착하고 보니 과연 장관이었다. 가슴이 탁 트이고 입이 떡 벌어졌다. 섬 허리 실루엣이 하늘빛과 호수에 황톳빛 경계를 그었다. 사람의 욕심은 끝이 없는가, 이 거대한 광경을 보고도 왠지 좀 아쉽다는 생각이 들었다. 밋밋한 파란 하늘을 하얀 구름으로 채워보면 어떨까. 자연을 인위적으로 어찌지 못하는, 자연의 신비에 의존해야만 하는 사진 작업의 한계를 아쉬워했다. 만약 내가 화가라면 그냥 구름을 그려 넣으면 되지 않겠는가 말이다.

오늘이 바로 절호의 기회다. 사진은 타이밍이다. 나는 점점 유혹 속으로 빠져들고 있었다. 내 머릿속에는 이미 작품이 다 그려졌다. 문제는 거의 두 시간 거리의 충주호까지 구름이 제자리에 있어 주겠냐는 거다. 바람이 어느 쪽으로 흐르는가, 바람의 속도를 자동차로 따라잡을 수 있을까. 설마 저렇게 많은 구름이 두 시간 만에 모두 사라지진 않겠지. 이미 머릿속에 그려진 풍광에 무게 중심이 쏠리자 잽싸게 장비를 챙겨 출발했다. 망설일 시간이 없다. 가는 데까지 가보는 거야. 타이밍을 놓치지 않으려는 나의 욕심은 굉음을 내며 시동을 걸었다. 목표가 서면 욕심을 내기 마련이다. 그것을 뛰어넘어야겠다고 마음이 서면 물불을 가리지 않게 된다. 그것은 최선이라는 말로 포장되기도 한다. 결과야 어쨌든 미적지근한 것보다는 화끈해야 후회가 없다.

'제발 천천히, 천천히' 하늘을 가득 메운 몽실 구름이 그대로 머물러 있기를 간절하게 기도하는 마음으로 액셀을 밟았다. 눈은 하늘을 향하는데 단속카메라가 자꾸 목덜미를 잡는다. 구름은 내가 눈치채지 못할 정도로 서서히 변하고 있다. 저쪽에는 이미 구름이 걷히고 민하늘을 드러낸다. 자동차보다 마음이 앞선다. 경쟁이라도 하듯 마음이 조급하다.

드디어 등산로 입구에 도착, 근처 휴게소 앞에 차를 세우고 장비를 둘러멨다. 등산용 스틱 대신 묵직한 삼각대를 들었다. 입구부터 급경사다. 코가 발등에 닿을 듯 허리를 숙이고 가파른 오르막을 오른다. 한 번 와봤던 길이라서 이미 각오는 했지만 헐떡이는 숨은 어찌할 수가 없다. 허벅지가 팽팽하다. 산속 그늘에서도 척척 감기는 더운 열기가 숨통을 막는다. 아직은 구름이 남아있으니 그거라도 잡으려면 서둘러야 한다. 급경사 등산로를 거의 뛰다시피 오른다. 쉴 틈이 없다. 구름을 잡아야 한다. 저놈을 잡아야 해.

이러는 내 모습이 우습다. 어디서 이런 체력이 나오는지 스스로 놀랍다. 남이 시켜서 하는 일이면 죽을 맛이라도 스스로 좋아서 하는 일엔 에너지가 샘솟기 마련이다. 확실한 목표가 있는데 느긋할 수가 없다. 내 머릿속엔 호수로 기어드는 악어 떼와 그 위로 몽실몽실 떠 있는 흰구름의 조화가 다 그려져 있으니까.

이마에 솟은 땀이 볼을 간지럽히며 흐르다 턱 아래서 뚝뚝 떨어진다. 땀은 불확실한 결과에 대한 막연한 희망인가. '땀 흘린 뒤의 보람'이란 말을 굳게 믿고 싶었다. 휘어진 산길을 돌아서자 소나무 숲 사이로 잔잔한 호수가 모습을 드러낸다. 고개를 들었다. 몽글몽글하던 구름은 솜사탕 흩날리듯 이미 다 풀어졌다. 파란 하늘에 옅은 구름이 차츰 자리를 내어주고 있다. 그 많던 구름은 다 어디로 갔는가. 몇 개만이라도 떨어뜨리고 갈 순 없었는가. 파랗게 갠 하늘이 이렇게 허망하게 보인 적도 없었다. 멍하니 악어 떼만 무심히 바라본다.

세상사가 어차피 뜬구름 잡는 것이라지만, 바보 같은 짓인 줄 알면서 극구 해보고야 마는 나는 정말 바보인가. 매번 유혹을 뿌리치지 못한 대가를 치르며 사는 것이 인생이런가.

그동안 한 길을 걸으며 열정을 쏟아왔던 일을 얼마 전 접었다. 그 방면에는 나름 전문가라고 자처할 만큼 자부심을 갖고 살았다. 이제 생각해 보니 '과연 지나온 길을 제대로 온 것일까'라는 의구심이 든다. 뜬구름을 잡느라 나는 여태 그리도 치열하게 살아온 건 아니었을까. 내가 성실하게 걸어온 이 길이 누군가에는 보잘것없고 형편없는 뜬구름일지라도 그것은 내가 살아가는 힘이었고 지금의 나를 있게 해준 원동력이었다.

 후회는 없다. 해보지도 않고 구름을 잡지 못했다고 아쉬워하는 것보다, 최선을 다해 뛰어보고 돌아서는 발걸음이어야 아쉬움이 없다. 다시는 미련을 갖지 않을 테니까.

매미

 오전인데도 열기가 후끈하다. 쟁쟁한 햇살이 온몸을 달구지만 우리의 표정은 모두 해맑다. 천년세월을 견뎌낸 초평호의 물가를 따라 데크가 구불구불 누웠다. 초평호와 농다리를 이었다 해서 초롱길이라 부른다. 평평한 데크는 운동에 게으른 나 같은 사람이 걷기에 아주 맞춤하다. 이미 얼굴에선 땀이 뚝뚝 떨어지지만, 칠월의 뜨거운 태양도 하늘다리의 흔들림도 우리의 길을 막진 못하였다. 여름방학을 이용해 수필교실 문우들과 함께 트래킹을 나선 길이다.

 이미 등줄기에는 땀이 흥건하다. 멀리 어두운 숲길이 보이는 것만으로도 막혔던 숨통이 트인다. 점박이 주황색 범부채 꽃에 앉은 범나비는 달아오르는 열기를 더욱 부채질하고 원추리도 덩달아 나발을 분다. 며칠 동안 내린 비로 버섯이 남몰래 생명을 마시고 군데군데 돋았다. 희끗희끗 거미줄에 잠자리 한 마리가 걸려들었다. 날개가 찢기고 생명줄 끊긴 잠자리는 거미의 전리품이다. 저마다 순간순간 자신의 생을 위해 최선을 다한다. 우리도 마찬가지다.

하늘다리를 건너 청소년수련원 쪽 오솔길로 접어들려는 순간 눈에 띈 것이 있다. 갈빛 매미가 빛을 받아 새뜻하다. 이름 모를 풀잎에 대롱대롱 매달려 잔바람에 파르르 떨고 있다. 눈은 있으나 눈빛이 없고 몸통은 속이 텅 비어 휜하다. 다리에는 아직 잔털이 보송하다. 껍질을 벗고 날아오른 지 얼마 되지 않은 것 같다. 없는데 있고 있는데 없다.

더위도 막바지에 이르러 여름방학이 끝날 때쯤이었을 것이다. 가는 여름을 놓치지 않으려는 듯 매미는 마지막 발악을 했다.

'쓰으르 쓰으르 쓰르르르…'

밀린 여름방학 일기를 한꺼번에 쓰느라 연필에 침을 연신 발라가며 기억을 더듬는 동안 매미는 나의 귀청을 자극하며 종종 부아를 돋우었다. 고막을 찢어 놓을 듯한 매미 소리는 밀린 숙제를 더욱 재촉하는 것 같았다. 그 소리를 들으면 더 더웠다.

숙제를 하다 지치면 우린 영근네 참외밭을 떠올렸다. 원두막 아래 널찍한 밭에는 땡볕에 참외 덩굴이 기진맥진하고, 매미 소리를 들으며 참외는 더욱 노랗게 익어갔다. 누군가 먼저 참외 얘기를 꺼내자 우리는 의기투합하여 기회를 노리기로 했다. 곰방대를 물고 앉아 계신 할아버지가 눈에 띄면 넝큼 인사하고는 아쉬운 발길을 맥없이 돌렸다. 그러다 한번은 정말로 원두막이 텅 빈 것을 보고 거사를 치르기로 했다. 우리는 하나둘씩 흩어져서 팔월의 땡볕도 걷어붙이고 노란 참외를 찾느라 혈안이 되었다. 눈에 보이는 대로 욕심껏 따다 보면 아직 푸르스름하니 솜털을 벗지 못한 놈도 있었다. 긴가민가한 것은 그 자리에서 깨뜨려 먹어보다가 이미 배가 불러오기도 했다. 엄마가 사다 주신 것보다 맛은 풋풋하고 비렸지만, 혀끝에서 간간이 느껴지는 향만으로도 우리는 여름을 다 먹은 것 같았다. 그러다 우리의 행동이 점점 굼떠질 때쯤,

"누구여! 어떤 놈이 밭을 죄다 절단 낸 겨!"

영근네 할아버지의 고함 소리가 허공을 가르면 우리는 냅다 뛰었다. 할아버지는 대개 누워계셨기 때문에 멀리 있는 우리에게는 할아버지가 잘 보이지 않는다는 걸 몰랐다. 이때쯤이면 매미가 할아버지보다 더 목청을 돋우곤 했다. 탐욕을 버리라는 군자의 간곡한 외침이었다.

언젠가 사극에서 임금이 일상으로 쓰고 있는 관이 무엇일까 궁금해서 검색해 본 적이 있다. 익선관이라 한다. 그것이 매미와 관련이 있다는 사실을 처음 알게 되었다. 그러고 보니 익선관은 매미의 날개 모양이다. 매미는 곡식을 먹지 않고 나무의 진액을 먹고 산다. 집을 따로 짓는 것도 아니요, 철에 맞추어 허물을 벗을 뿐이다. 유학에서는 이런 매미에게서 문文, 청淸, 렴廉, 검儉, 신信이 있다 하여 군자가 지녀야 할 오덕五德을 모두 갖추었다고 했다. 결국 매미는 군자의 도道를 상징한다는 것이다.

풀잎 끝에 간신히 매달려 성충이 된 매미는 과연 군자로 해탈한 것인가. 사람도 팔십 평생을 살려고 전생에서 천년세월을 살지 않았을까? 그렇다면 내가 서 있는 지금 이 순간이야말로 얼마나 오랜 세월을 준비한 시간이란 말인가. 껍질을 남기고 떠난 매미는 긴긴 세월 어둠 속 생을 벗어나 이제 겨우 날갯짓을 하고 있을 것이다.

매미의 수명은 종류에 따라 5년, 7년, 17년 등 소수素數의 햇수만큼 사는데 이는 천적의 수명과 겹치지 않도록 하여 종족을 보존하려는데 있다고 한다. 만약 매미의 수명이 7년이고 천적의 수명이 9년이라면 7이 소수이므로 9와는 서로소가 되어 이 두 종족은 63년이 지나야 공존할 수 있다. 그러니 그동안은 안심하고 종족을 보존할 수 있다는 것이다. 자연의 섭리에 수학이 숨어 있었다니…. 짧은 생을 위한 배려이런가. 그래서 그들은 잠깐 성충으로 사는 동안 더욱 목청껏 구애하고 종족을 이어나가는가 보다.

이 녀석도 한 달도 채 안 되는 생을 살기 위해 7년 동안의 땅속 생활을 정리하고 이제 막 세상 밖으로 날아올랐으리라. 잠깐의 행복을 위하여 얼마나 긴 세월을 어둠 속에서 보낸 것인가. 고난 끝에 맛보는 행복감이 더욱 소중하리라. 이제 처서가 얼마 남지 않았다. 지금쯤 종족 번식을 위해 어디선가 목청을 가다듬고 있을지 모르겠다. 아니 어쩌면 어디선가 아이들의 여름방학을 보채고 있을지도 모를 일이다.

매미에게서 나를 되돌아본다. 같은 하늘 아래 똑같은 섭리로 살면서 작은 불편함에 투정 부리고 짧은 기다림에도 안달했다. 매미가 이슬을 먹는 동안 나는 욕심을 먹었고 매미가 집을 얻지 않을 때 나는 이왕이면 큰 집을 갖고 싶어 했다. 작은 것에 만족할 줄 알며 작은 고통도 달게 받아들일 줄 알아야 군자라는데…. 지금도 난 더위를 못 참고 에어컨 아래서 '매미'를 쓴다.

'쓰으르 쓰으르 쓰르르르….'

어디선가 여름을 떠나보내는 매미 소리 아득하고 나는 또 다른 해탈을 꿈꾼다.

초대받지
않은 꽃

초록이 눈에 어리어리하다. 지금도 여전히 난 녀석을 찾아 잔디밭을 헤맨다. 비슷비슷하게 생긴 이파리들 중에서 골라내려니 그놈이 그놈 같아 엉뚱하게 잔디를 들썩일 때도 있다. 갈고리처럼 생긴 호미를 들고 눈에 불을 켜고 찾아내야 한다. 오늘 아침에도 한 줌이나 수확하는 쾌거를 맛보았다. '나는 시방 위험한 짐승'이 되었고 '나의 손이 닿으면 너는 미지의 까마득한 어둠이 된다.'

이사 후 첫봄을 맞은 나는 초봄 만물이 소생하기 시작하자마자 미리부터 잔디밭을 돌며 풀싹을 뽑기 시작했다. 괭이밥풀, 누운주름잎, 벌씀바귀…. 모두들 '나 여기 있소' 하며 얼굴을 내민다. 어느새 보랏빛 제비꽃도 군데군데 피어났다. 반가웠다. 제비꽃은 두고두고 보리라.

며칠 뒤 옆집에서 놀러 왔다가 제비꽃을 보고 깜짝 놀라며 모두 뽑으라고 성화다. 제비꽃은 봄소식을 일찌감치 알려주기에 반갑고 소중하지 않을 수 없다. 이렇게 예쁜 꽃을 왜 뽑아내야 하는지 반문을 하자 "언니, 그거 나중에 씨 날리면 잔디를 다 덮을 거예요." 하더니 이내 꽃반지를 만들어 손을 들어 보인다. "어때 예쁘죠? 그래도 이건 뿌리가 잘 뽑히지도 않아서 작년에 내가 얼마나 고생했는지 몰라. 우리 집까지 씨가 퍼지면 안 되는데…" 한다.

그렇구나. 나만이 아니라 이웃도 생각해야 하는 거였다. 그때부터 마당 한구석에만 제비꽃 군락을 남겨놓고 죄다 뽑기로 한 것이다.

지금은 이미 꽃이 다 져서 어느 것이 제비꽃잎이고 어느 것이 잔디인지 잘 표시가 나지 않는다. 뽑아내는 것마다 밑동에 동그란 열매를 달고 있다. 이 열매가 익어 터지면 내년에는 제비꽃 천지가 될 터였다.

작고 앙증맞은 제비꽃이 오랑캐가 되어 이곳저곳에 퍼지니 잡초 신세가 된 것뿐이다. 그러게 왜 아무 곳에 싹을 틔워 제대로 대접을 못 받는 신세가 되었을꼬? 무엇 하나 나무랄 데 없는 제비꽃이 딱하다. 악마의 손을 거쳐야 하는 그것은 초대받지 않은 손님이다. 사람도 자신의 분수를 모르고 아무 데서나 설쳐대다 낭패를 보는 일이 종종 있지 않던가. 나설 때 안 나설 때를 가리지 않고 늘 목소리를 키우는 사람도 있다.

이런 생각을 하다 문득 섬뜩한 생각이 들었다. 나도 혹시 내 자리가 아닌 곳에 서 있진 않았을까. 그리하여 남에게 피해를 주진 않았을까. 나의 존재로 인해 불편했던 사람은 없었을까. 지금 나는 내 자리를 잘 알고 서 있는지 다시 한번 돌아볼 일이다.

가라, 가거라, 너의 자리에서 너희끼리 마음껏 자태를 뽐내보렴. 제일 먼저 봄을 알리는 전령사이니 뭇 사람들에게 사랑받으며 사진 속 모델이라도 되어 보렴. 꽃과 뿌리가 모두 약재로 쓰이고 화장품 재료로도 쓰인다니 인간에게 후한 대접을 받아 마땅하다. 그러니 제 자리가 아닌 곳에서 쭈뼛쭈뼛 앉아 있지 말고 너의 자리에서 당당하게 꽃을 피워라. 호미를 잡은 손이 찬 기운에 시리다. 봄기운이 대문 안을 들락거린다. 따스한 등 뒤로 개나리가 조롱조롱 꼬마전구를 달았다. 저 꼬마전구에 불이 켜지면 이제 마음 놓고 봄이다.

욕망과
희망 사이

 라이터 불을 댔다. 연약한 꽃불이 잔바람에 하늘거리다 힘없이 사그라든다. 다시 마른 종이를 집어 희미한 별밭에 넣었다. 한 호흡을 쉬고 나서야 훅 하고 힘이 살아난다. 얄팍한 종이에 기댄 불기운이 금세 마른 콩대로 옮기더니 힘이 붙는다. 욕망의 불길이다. 따닥 따다닥…. 한 줄금 휙 하고 바람이 스치자 아궁이 앞으로 붉은 혓바닥을 널름거린다. 먹이를 찾아 헤매는 악마 앞에 희망이라 착각했던 욕심을 던져버린다. 그 욕심을 붙잡고 끙끙대던 고단함도 함께.
 땡볕이 세상을 녹여낼 듯 괄괄하던 7월, 새벽 일찍부터 나와 이슬에 촉촉해진 흙을 헤치고 서리태 모종을 하나하나 심었다. 머릿속에는 이미 수확의 풍성한 그림이 똬리를 틀고 있었다. 언니도 주고 동생도 주고…, 나누고 싶은 얼굴들이 참 많기도 하다. 나 혼자의 힘으로는 분에 넘칠 만큼 심었다. 무모한 욕심이었다. 나는 허황된 꿈을 잡은 채 정성을 들이고 있었다. 그것이 희망인 줄 알았다.

아침저녁으로 눈도장을 찍으며 하나하나 보살폈다. 열정도 병이라, 독려해주는 이 없어도 희망이란 놈은 주기적으로 내게 찾아오나 보다. 지난번 옥수수를 심을 때도 희망 세 알씩을 꼭꼭 눌러 심었건만, 구차하리만치 알이 듬성듬성 박힌 옥수수는 괴물 이빨을 연상케 했다. 게다가 벌금벌금 벌레가 이미 터를 잡고 있었다. 말이 유기농이지 뭐 제대로 되는 게 없는데도 매번 씨앗을 심을 때마다 기대에 부풀곤 하는 것이다.

섬마섬마 일어서는 돌배기 아기처럼 겨우 줄을 맞춰 일어선 파릇한 모종이 대견하다. 바라보고만 있어도 흐뭇하다. 파란 콩잎이 밭을 덮어갈수록 나의 희망가는 점점 드높아졌다.

8월은 한 달 내내 비가 내렸다. 태풍도 두어 번 지나갔다. 힌남노의 위력에 쓰러진 줄기를 일으켜 세울 수가 없다. 순이 웃자라 아예 덩굴이 되어버린 줄기는 모두 실신한 듯 이러저리 갈피를 못 잡는다. 막연한 꿈만큼 줄기도 허공으로 뻗어가다 제풀에 늘어졌다.

때맞추어 순지르기를 해주지 못한 나의 불찰에도 불구하고 서리태는 저 혼자 꽃 피우고 꼬투리를 맺기 시작했다. 무성한 잎새 아래 숨어 달린 풋꼬투리가 통통해질 때를 기다리는 염치없는 마음도 함께 커가고 있었다.

어느덧 아침저녁으로 쌀랑해진 바람에 콩잎이 누렇게 마르기 시작했다. 자루에 그득하게 담길 소출에만 욕심이 앞섰지, 거두는 방법을 미처 생각하지 못하였다. 이웃에 물어보니 내겐 없는 장비가 필요하단다. 콩이 튀어 나갈 수 있으니 밭을 덮을 만한 넓은 멍석이 필요하고 말려서 털 도리깨도 필요하단다. 쭉정이를 날려버릴 선풍기도 있어야 하고 키도 있어야 한단다. 게다가 선별까지…. 난감했다.

일머리도 체계도 없이 시작된 나의 수작업은 이슬로 물을 받듯 더디기만 했다. 전문 농군의 눈에는 고까짓 것이겠지만 내 손으로는 해도 해도 끝이 안 보인다. 베어놓은 콩대를 바라만 봐도 가위가 눌리는 것만 같다. 쌓아 놓은 욕심 더미를 바라볼 때마다 서리서리 진저리가 쳐질 정도다. 다른 일 모두 제쳐놓고 허구한 날 서리태만 붙잡고 있어야 했다. 하늘이 파란지 높은지 올려다볼 틈도 없이 그저 콩에만 코를 박고 있었다. 풍성하던 잎사귀와 부풀었던 기대와 지루한 수고로움에 비해 결과물은 초라했다. 언젠가는 끝이 나려니, 그래도 시지프스보다는 낫지 않을까 스스로 위로하는 동안 찬란한 가을은 그렇게 다 사위어가고 말았다.

일렁이던 잉걸불도 순식간에 사그라들었다. 7월의 기대와 8월 장마의 근심을 모두 삼켜버렸다. 돌봐주지도 못하고 결과만 기다렸던 염치도 후회도 모두 삼켜버렸다. 쭉정이만 남은 콩대도, 몇 달 동안의 땀과 허황된 욕심도, 지쳐버린 나의 손놀림도 모두 무無로 돌아갔다. 홀가분하다.

하얀 유골은 잔바람도 이기지 못하고 푸슬푸슬 날아버린다. 서리태 줄기는 오열과 통곡이 잦아든 미망인처럼 그렇게 넋을 놓았다. 탐욕으로 키워낸 싸늘한 유골을 밭에 뿌리고 화단에도 뿌렸다. 모란과 수선화가 잠을 자고 있는 땅속에는 냉이 씨앗도 도라지 씨앗도 숨어 있다. 내년에는 이들이 더 진하고 소담하게 꽃 피우고 결실을 맺으리라.

천지지간은 풀무와 같아서 아무것도 보이지 않는 허공에서도 그 작용은 무궁무진하다 했다. 바람을 만들고 그 바람은 계절을 만들고 계절 속에 만물은 피고 지고….

허공도 그러한데 하물며 재가 품고 있는 희망은 말해 무엇하랴. 욕망의 무게에서 산화된 영혼 없는 재는 하얀 희망이 되어 다시 찬란한 봄을 기약하리라. 욕망과 희망 사이에서 초보 농군의 첫 가을이 그렇게 흩어져 간다.

2부

사과꽃이 피었다

하얀 그림자

파랑새는 어디에

어머니의 섬

가시처럼 따갑고 보늬처럼 떫은

누룽국

사이다

사과꽃이
피었다

나 홀로 생일

하루해는 무심히 저 혼자 떴다 슬그머니 저물었다. 바쁜 하루를 보내고 혼자서 조용히 있으려니 갑자기 서운함이 몰려온다. 명색이 생일이 아니더냐. 호적상 양력 생일은 그렇다 치고 어머니가 늘 미역국을 챙겨주시던 음력 초사흗날도 그냥 지나갔다. 그래도 기회가 한 번 더 있으니 기다려 보자 했다. 아버지가 막내딸 생일이라고 주장했던 음력 13일이 있으니. 하지만 누구도 관심을 보이는 사람은 없었다. 삼 세 번의 생일이 그렇게 연기처럼 사라지는 참이다.

누구는 며칠 전부터 미리 소문을 내라고 하지만 보란 듯이 달력에 빨간 동그라미를 쳐 놓을 만큼 그리 냅뜰성이 있는 편도 아니다. 사실은 생일케이크를 자르는 것도 쑥스러워 마다하는 나였다. 막상 이렇게 되고 보니 그동안 자신을 스스로 소홀히 해왔다는 생각이 들었다. 이제라도 내가 나를 챙겨야지 누구에게 바라는 것도 우스운 일이다.

혼자서 미니 케이크를 사다 어스름한 조명등 아래서 촛불 켜고 와인을 따랐다. 한 모금 와인 잔에는 서글픔 반, 오기가 반이다. 혼자라도 궁상치고는 분위기가 괜찮다. 습관처럼 이리저리 사진을 찍다가 설익은 취기에 슬슬 장난끼가 발동했다. '나 홀로 생일상'을 사진으로 찍어서 아들에게 보냈다. 깜짝 놀란 아들은 죄송하단 말도 차마 못 하고 어쩔 줄 몰라 한다. 딸이 있었으면 어땠을까. 이렇게 '딸' 가진 부모가 부럽다고 느껴보긴 처음이었다.

얼마 후 아들에게서 해외여행을 가자는 제안이 들어왔다. 물론 내 스케줄에 맞추는 걸 보니 엄마를 위한 여행인 것 같았다. 추석 황금연휴에 그 비싼 비즈니스석 푯값을 지불하고도 우리 자리는 비행기 꼬리였지만 엄마 생일을 잊은 미안함을 아들은 그렇게라도 만회하고 싶었던 모양이다. 내가 좀 심했나? 딸이 부럽다는 말 취소다 취소!

생일이 뭐라고

동생이 허둥지둥 전화를 걸어왔다. 이때쯤이 누나 생일인 것 같은데 깜빡해서 미안하다고. 이럴 때를 대비해 비상용 생일이 있지 않더냐. 걱정 말라 했다. 아버지가 주장하는 세 번째 생일 음력 13일이 아직 남아있다고. 가족들은 그렇게 나의 생일을 번번이 헷갈려 한다.

'나 홀로 생일상'을 차렸던 이후로 아들들은 생일을 아예 주민등록 날짜로 바꾸잔다. 그래야 기억하기 좋다며. 내키진 않았지만 안경점, 미용실, 보험회사 등등 영혼 없는 생일 축하 메시지가 온종일 날아들던 양력 날짜로 바꾸기로 했다. 처음엔 가짜 같아 어색했다. 그래도 난 찰떡같이 믿기로 했다. 여지껏 형제들은 생일을 언제로 할 거냐며 해마다 물어온다. 양력이라고 양력! 머리에 각인시키는 것도 여태 현재진행형이다.

드디어 내게도 딸 같은 며느리가 생겼다. 이제 남들처럼 외식하고 용돈 받고 그렇게 무난하게 지나갔다. 역시 아들만 있을 때보다는 훨씬 화기애애했다. 막상 생일 챙기는 며느리가 있으니 쑥스러우면서도 내심 욕심이 싹을 틔운다. 원래 생일은 부모님께 감사해야 하는 날이라며 아이들 어릴 때부터 가르쳐왔건만 이제 그 얘기는 쏙 들어가고 은근히 생일을 기다리는 이중인격이란.

작년 생일이었다. 볼링동호회의 단체대화방에서 생일축하 메시지가 아침부터 날아들었다. 그런데 그게 전부였다. 그러고 보니 귀찮기만 하던 영혼 없는 상업성 축하 메시지마저도 때론 고마울 때가 있구나 싶었다.

'다들 바쁜가 보네?'

가족 대화방에 운을 띄웠다.

'그럭저럭…'

모두 반응이 시큰둥하다. '오늘이 내 생일이라고!' 속으론 이렇게 외치고 싶었지만 입 밖으로 소리 내진 않았다. 그깟 생일이 뭐 대수라고. 아니지. 기억하기 좋게 양력으로 정하자더니 이건 무슨 시츄에이션이냐 말이다. 은근히 비위가 뒤틀린다.

때마침 며느리가 친정 나들이를 갔다는 소식이 귀에 들어왔다. '시어미 생일은 잊어버리고 친정엘 간다고?' 괘씸했다. 내가 아는 며느리는 그렇게 경거망동할 사람이 아닌데 내가 잘못 알고 있었나? 아들을 나무랐다. 앞으로는 절대 생일 같은 것 신경 쓰지 말라고 온 가족에게 쐐기를 박았다. 며느리가 눈물깨나 흘린 모양이다. 아들이 며느리에게 일러준 생일은 음력 날짜였고 며느리는 음력을 양력으로 전환해서 고이고이 메모해놓고 그날을 기다리고 있었다니 얼마나 황당했을까.

내가 왜 며느리 마음을 모르랴. 나도 며느리였던 적이 있고 나도 시부모에게 잘하려고 긴장했던 때가 있지 않았더냐. 하지만 늘 마음뿐이었다. 평소 내 성격과 닮아도 너무 닮은 며느리의 억울한 실수는 곧 나의 실수처럼 여겨졌다. 미덥던 시어미의 싸늘한 반응에 상처받았을 생각을 하니 내 속도 편치 않았다. 며느리 마음 풀어주려 쌈짓돈을 솔찬이 풀어야 했다. 잘못은 애들이 했는데 결국 사과는 내가 한 격이 되고 말았다. 그러길래 좀 참을 것을. 생일이 뭐라고. 이제 생일에 대해선 입도 벙긋하지 않기로 했다.

미역국

"뭐 드시고 싶은 거 있으세요?"
아들에게서 전화가 왔다.
으레 외식하려니 아들네 집으로 차를 몰았다. 며느리가 상기된 얼굴로 현관문을 연다. 얼굴에 함박꽃도 피고 사과꽃도 피었다. 평소 과묵하고 침착한 아인데 오늘따라 왠지 기대에 찬 표정이다. 무슨 일이지?
"오늘은 집에서 식사하세요." 하며 분주하게 식탁을 차린다. 예사 밥상이 아니다. 화려하진 않지만 정성이 가득하다. 접시

마다 정갈한 마음이 알록달록 담겼다. 내가 끓인 것보다 간이 입에 딱 맞는 미역국과 야들야들하게 입안에서 살살 녹는 부드러운 불고기, 알록달록 깔맞춤까지 신경 쓴 신선한 샐러드. 보기만 해도 침이 고인다. 손이 많이 가서 집에서는 여간해서 하기 힘든 잔칫상의 대명사 잡채도 손수 만들었단다. 내가 좋아하는 과일과 생일에 빠질 수 없는 케이크까지. 이 모두가 생글생글 나를 빤히 바라본다. 이틀 후면 내 생일인데 온전히 나를 위해 며칠을 고민했을 식탁이다. 평생 생일상을 이렇게 직접 받아보긴 처음이라 참말로 쑥스러워 며느리 칭찬도 어색하기만 했다.

"솜씨는 없지만 이렇게 꼭 직접 차려드리고 싶었어요."

그 마음 내 다 안다. 빈말할 줄 모르는 사람이란 걸 알기에. 그동안 출산과 육아에 치여 마음만 간절했을 것이다. 말은 안 했어도 며느리 노릇 한 번 제대로 하고 싶었을 것이다. 마음은 가득한데 현실이 따라주지 않는 아쉬움, 그래도 굳이 해내고야 마는 그런 마음 내 다 알지. 감동 반, 눈물 반, 미역국이 목을 타고 내려간다.

촛불을 켰다. "생일 축하합니다, 생일 축하합니다~~." 어린 손자들도 없이 어른끼리 하는 멋쩍은 생일송. 역시 이 장면은 늘 쑥스럽다. 여하튼 나는 오늘 그동안 못 받아본 수십 번의 생일상을 한꺼번에 다 받았다. 야호~~.

하얀 그림자

　공원으로 가는 길이다. 아무리 나잇살이라 하지만 허리에 둘러진 튜브가 점점 굵어지는 느낌이다. 요즘은 이것이 내 것인지 네 것인지 아리송하다. 저녁 운동으로 덜어낼 참으로 집을 나섰다. 신호등 건너 공원으로 향하는 가로등 아래를 지나는데 언제 나타났는지 그림자가 앞장선다.
　어렸을 때 언니를 따라 가끔 마실을 다니곤 했다. 언니들이 한참 수다 삼매에 빠져 있을 때 나는 낯선 아랫목에서 곧잘 설핏한 잠에 빠지곤 했다. 집으로 돌아오는 길이면 밤공기의 한기가 온몸에 스몄다. 아직 잠결에서 헤어나지 못한 나는 윗니와 아랫니가 재봉틀 박음질하듯 덜덜거렸고 집으로 향하는 길은 한없이 멀었다.

보름달은 하늘 높이 솟아오르고 세상은 온통 새하얬다. 빨리 가자고 서두르는 언니의 입김이 그랬고 면사포를 뒤집어 쓴 듯 길옆 말라버린 잡풀들이 아스라이 그러했다. 누워있는 소의 등처럼 구부정한 두엄탕도 하얗게 소복을 입고 있었다. 은빛 양탄자 위를 우리들의 그림자만이 까만 모습으로 종종거리며 걸었다. 달빛이 하얄수록 그림자는 더욱 진했다.

아무 말도 없는 그림자가 내게 딱 붙었다. 그림자를 떼어내려 뛰어가면 그놈은 늘 나보다 빨랐다. 어떤 때는 내 앞에 있다가 또 어떤 때는 내 뒤를 따라오고. 내가 한 바퀴 빙그르 돌아봐도 어느새 그 녀석이 먼저 나를 기다리고 있었다. 재미있기는 하지만 내 마음대로 할 수 없는 그림자에 약이 올랐다. 팔을 쭉쭉 뻗어보고 다리도 번쩍번쩍 들어 올리며 그림자 모양을 바꾸는 것으로 화풀이를 대신하곤 했지만 결국 우리 집 처마 밑까지 데리고 와야 했다.

그림자처럼 내 주변에서 늘 머물러 있는 것들이 있다. 떼어내려야 떼어낼 수 없는 어떤 것. 미루지도 못하고 매일매일 반복되는 생활이 그렇고 당장 처리해야만 하는 일들이 그렇다. 젊었을 땐 손에서 놓지 못하는 자식이 그랬고, 얼굴에 들러붙은 젖은 낙엽처럼 아내만 바라보는 남편이 그랬다.

내게도 그림자 같은 사람이 있었다. 여자는 남자의 그늘 안에 있어야 행복한 거라는 그의 사랑법은 상대를 배려하지 않는 헛된 자신감이었다. 그는 나의 그림자가 되어주겠노라 자처했지만 내가 그림자를 좋아하지 않는다는 것을 잘 모르고 있었던 것 같다. 나의 모든 일상은 그의 그림자 아래에서만 허용되었다. 하다못해 집안에서조차 내가 화장실에 있는 사이, 눈에 보이지 않으면 어디에 있냐고 찾는 소리가 들렸다. 무슨 일이든 생각조차 그와 다르면 안 되었다.

 절대적인 나무는 그림자를 짙게 드리우고 언제나 자신만만했다. 숨이 막힐 것만 같았다. 사랑이란 내가 해주고 싶은 만큼 마음껏 해주는 것이 아니라 상대가 원하는 것을 해주는 것임을 그는 알지 못했던 것일까? 그림자를 떼어내려 안간힘을 썼던 어렸을 때처럼 그림자 안에서의 저항은 의미가 없었다. 바라보는 시선이 서로 달랐다. 나무는 노심초사 그림자를 향하였고 나는 그 그림자 밖 밝은 세상을 동경했다. 대화에 서툴렀던 우리는 모든 것을 밀어내려고만 했다.

 그림자 안에서 최선이라고 생각했던 그런 것들이 최선이 아니었다는 것을 많은 시간이 지난 뒤에 조금씩 알게 되었다. 사랑을 가장한 집착. 그림자는 집착의 또다른 이름이었다. 적당한 거리를 둔 관심과 허용이 서로를 좀 더 자유롭고 풍요롭게 한다는 것을 지금은 알고 있을까?

 밖에서 바라보니 그림자가 선명하게 보였다. 내가 진정 있어야 할 곳은 그림자 안이 아니었다. 멀리서 바라보는 그의 그림자는 끝내 함께 할 수 없고 닿을 수 없는, 내게는 공허한 하얀 그림자였다. 그 안에서만 허용되었던 지난날을 만회라도 하려는 듯 나는 나를 위해 더 열심히 걷는다. 그림자에 가려 보지 못했던, 하지 못했던 꿈을 찾아서.

카메라 렌즈를 통해 바라보는 세상의 아름다움에 흠뻑 빠져보기도 하고 요즘은 조심스레 글마당을 서성이기도 한다. 그림자 밖 세상 사람들과의 이야기가 무궁무진하다. 하고 싶은 것도 많고 해야 할 것도 많다.

허기진 배를 채우느라 힘들고 지칠 때도 있지만 혼자 힘으로도 해내는 자신이 대견스럽다. 그럴 때면 스스로 격려해가며 내가 나에게 박수를 보낸다.

'잘하고 있어!'

이렇게 호젓하게 혼자서 걸을 수 있는 여유도 작은 행복이 아니겠는가. 공원으로 향하는 발걸음이 가볍다. 허리에 두른 튜브에서 바람만 조금 빠지면 더없이 좋으련만. 나를 경호하듯 그림자가 발끝에 바짝 달라붙는다. 군소리 말고 어서 걷기나 하라는 듯이.

파랑새는 어디에

다리미를 꺼낸다. 여름 내내 더위에 밀려 구석에서 웅크리고 있다. 바닥엔 거뭇거뭇 녹이 슬었다. 칭칭 감은 줄은 해져서 테이프의 신세를 진 지 오래다. 다리미판에 진 얼룩이 아버지의 풍상 같다. 널따랗던 아버지의 등은 언제나 따뜻했다. 그 위에 옷을 펼친다. 열이 오른 다리미는 '치~~익' 소리를 내며 물방울을 스멀스멀 집어삼킨다. 뒤이어 남은 검은 그림자마저 하얀 김을 위로 뿜어 올린다. 잘잘했던 구김살이 고속도로 나듯이 쫘악 펴진다. 속이 시원하다. 내 얼굴의 잔주름도 이렇게 간단히 펼 수만 있다면 얼마나 좋을까. 나의 세월을 다려 줄 다리미도 있으면 좋겠다는 생각을 해본다.

학창시절 아버지의 양복바지를 자주 다리곤 했다. 아버지께서 종종 딸들에게 명을 내리시면 두 언니는 요리조리 핑계를 대며 잘도 빠져나갔으니 다림질감은 늘 융통성 없는 내 몫이었다. 아버지의 바지나 와이셔츠를 다리는 일은 여간 긴장되는 일이 아니었다. 장성 출신이신 아버지께서는 딸들에게도 병사를 다루듯이 매사에 절도 있고 각을 세우게 하셨다. 그래서 단번에 오케이 사인을 받기란 여간 힘든 게 아니었다. 그나마 위안이 되는 것은 아버지의 양복 뒷주머니에서 가끔 지폐가 나온다는 것이다. 그걸 도로 갖다 드리면 수고한 대가라며 선뜻 내어주셨다. 그때마다 언니들은 나에게만 용돈을 주려는 아버지의 계산된 방법이라며 시샘을 하곤 했다.

결혼 후에는 남편의 직업상 매일 와이셔츠를 다려야 하는 번거로움이 내 앞에 펼쳐졌다. 신혼 때는 남편에 대한 사랑의 척도라도 되는 듯, 아버지에게서 단련 받은 다림질 솜씨를 자랑삼아 즐거운 마음으로 기꺼이 다리곤 했다.

아이들이 자라고 해가 거듭될수록 꾀가 나기 시작했다. 더구나 한여름에도 휴가 때를 제외하곤 예외 없이 매일 다림질을 해야 했다. 내가 워킹맘이 되어서는 아예 와이셔츠를 넉넉히 사다 놓고 주말에 한꺼번에 몰아서 다리게 되었다. 와이셔츠 다섯 장에 바지는 덤이었고 아이들 교복과 내 외출복까지 합하면 열 벌은 족히 넘었다. 무더운 여름날에는 다리미에서 나오는 뜨거운 열기와 불만으로 가득 찬 내 체온이 더해져 선풍기 바람도 소용이 없었다. 게다가 남편은 소파에 앉아서 시원한 바람을 쐬며 TV 시청에 빠지곤 했다. 그런 눈치 없는 남편을 볼라치면 부아가 치밀어 올라 스트레스 지수는 배로 올라가고 만다. 다림질 안 해도 되는 남편을 가진 여자는 참 좋겠다며 하릴없이 푸념하기도 여러 번이었다.

이제 전처럼 비지땀을 흘리며 폭풍 다림질을 할 일은 없지만 가끔 다림질을 할 때면 예전 일을 떠올리곤 한다. 바지엔 칼날 같은 줄을 세우되 반드시 한 줄이어야 하고, 와이셔츠는 깃과 소매의 빳빳함이 생명이며 팔에도 바지에 못지않은 줄을 세워야 제멋이다. 이 옷을 입고 남들 앞에 당당히 서 있을 남편과 아이들을 상상하며 솔기 구석구석에 스팀을 넣었다. 내 가족에 대한 사랑과 정성도 함께 꼭꼭 심어 두었다. 솔직히 말하면 치밀어 오르는 부아를 솔기 사이사이에 꼭꼭 감추었던 때도 부지기수였다는 걸 부인할 수 없다. 그런데 지금은 단출하게 내 옷만 다리려니 내가 보듬어야 할 둥지가 텅 빈 것 같아 허전하다.

가지 많은 나무에 바람 잘 날 없듯이 종종거리며 지내 온 날들을 돌아보면 얼굴에도 마음에도 구겨진 셔츠만큼이나 주름투성이다. 이 주름을 펴줄 나의 다리미는 어디에 있을까.

예전엔 그토록 귀찮고 힘들었던 다림질도 지나고 보니 아름다운 추억이고 사랑이었다. 하루하루 지친 일상에 행복은 앞날 어딘가에 있는 파랑새일 뿐이라고 믿었었다. 그래서 볼멘 얼굴로 다른 사람의 행복을 훔쳐보며 부러워하고 나 자신을 한탄하기도 했었다. 그토록 갖고 싶어 하는 행복은 늘 손에서 놓고 나서야 그것이 행복이었음을 알아차린다. 그러니 지금 겪는 불편하고 성가신 일상 때문에 스트레스를 받는다 해도 언젠가는 그때가 좋았노라고 또 말하게 될 것이다.

  내 마음의 주름을 곱게 펴줄 다리미를 찾느라 꽤 오랜 시간을 흘려보냈다. 파랑새는 멀리 있는 것이 아니라 자잘자잘한 구김살 속에도 숨어 있다는 것을 차츰 알게 되었다. 깊은 주름을 매끈하게 폈을 때 더 명쾌한 느낌이 들 듯, 세월의 주름이 깊을수록 사소한 행복의 참맛을 느끼곤 한다. 이순을 바라보는 나이에 잃어버린 다리미가 어떤 것인지 어렴풋이 알 것 같다. 파랑새는 미래도 과거도 아닌 바로 지금 내 곁에 있다는 것을.

어머니의 섬

 육거리 시장에 갔다. 참 오랜만이다. 생각보다 말쑥해진 시장 풍경은 익숙한 듯하면서도 왠지 낯설다. 전에 없던 골목이 더 생긴 걸까? 예전의 기억을 더듬느라 걸음이 자꾸 뒤처진다.
 누가 먼저랄 것도 없이 우리는 된장 끓는 냄새를 따라간 식당에 둘러앉았다. 보리밥에 수다를 함께 넣어 쓱쓱 비비며 모처럼의 외출에 환호했다. 너무 흥분한 탓일까. 목소리가 커지고 말았다. 민망해진 우리는 얼른 주인에게 사과했다. "괜찮어유~ 아직 지구대에서 연락 안 왔슈~." 하며 쥔장은 농으로 받아넘긴다. 아, 지구대. 맞아, 그때도 육거리 시장이었지. 여기 어디쯤이었을 게야. 두려움에 떨던 여섯 살의 어느 날이 가슴에 와 앉는다.

육거리시장 근처 남문로에서 살 때였다. 엄마가 시장에 다녀올 테니 집에 잠깐 있으라 했다. 혼자 놀다 지루해진 나는 엄마를 찾아나섰다. 엄마를 따라 몇 번 가본 적이 있으니 그곳에 가면 엄마가 있을 터였다.

시장통에 들어서자 풀빵 냄새도 여전했고 시원한 빙수 가게도 눈에 익었다. 좌판을 펴고 앉아 있는 아줌마들도 전과 똑같았다. 엄마 손을 잡고 함께 다니던 길을 따라 두리번거리며 앞으로 앞으로 갔다. 그런데 이상한 것은 분명 아는 길 같았는데 가보면 막다른 골목이고, 돌아서 나오면 전혀 낯선 곳이었다. 엄마는 안 보이고 나만 덩그러니 섬이 되었다. 깊고 어둑한 바다 한가운데 있는 양 나는 그만 제자리에 서서 울어버렸다.

낯선 아주머니 손에 이끌려 간 곳은 파출소였다. 울면 잡아간다는 순사들이 있는 곳이 아닌가. 나는 울음을 꿀꺽 삼켰다. 엄마 말대로 얌전히 집에 있지 않은 것을 후회했다. 친절한 순사 아저씨들은 내가 좋아하는 과일과 과자를 건네며 말동무가 되어 주었다. 이렇게 많은 과자를 독차지하긴 처음이었다. 꼬질한 눈물 자국은 어느새 웃음꽃으로 피었다. 그사이 방송을 들은 엄마가 나를 찾으러 오셨는데도 엄마 품에 와락 안기기는커녕 아저씨들이 순사라는 것도 잊은 채 노느라 정신이 팔려있었다. 놀란 가슴 달래며 달려오신 엄마는 얼마나 황당하셨을까.

요즘엔 내가 엄마를 찾으러 간다. 몇 년째 요양원에 계신 엄마는 여섯 살이 되어 길을 잃고 헤매는 중이시다. 지금은 어디쯤 가 계신 걸까? 자식들 이름도 당신의 나이도 남편의 이름도 모두 딴 세상 이야기일 뿐이다. 내가 길을 잃고 낯선 골목으로 들어섰던 것처럼. 겨우겨우 막내딸 이름은 부르시지만 그마저도 언제 끊어질지 모르는 실낱에 불과하다.

요양원에 가시기 직전 "늬 아부지 죽으면 그 연금 내가 혼자 마음대로 쓸란다." 하시는 바람에 모두가 놀란 적이 있다. 억눌렸던 꿈을 잠시라도 이루어보고 싶은 간절한 소망이었다는 것을 그땐 아무도 이해 못 했다.

꿈이 왜 없으셨을까. 그 좋은 솜씨로 번듯하게 식당이라도 차려 기울어진 가세를 일으켜 보고 싶으셨을 것이다, 아버지의 박봉에 지쳐 어떻게든 가난을 벗어나려 이리저리 묘안을 내보아도 번번이 남편이라는 관념의 벽에 부딪혔다. 해보고 싶은 일이 있어도 자식들이 먼저 앞을 가로막았다. 영화배우 같다는 소리를 들을 만치 고왔던 어머니의 미소 속에는 이뤄보고 싶은 꿈도 가득했으리라. 하지만 넘어야 할 산은 꿈보따리를 내려놓게 했다. 당신에게도 꿈이 있노라고 말이나 제대로 해보신 적이 있을까?

평생을 일 년같이 일 년을 하루같이, 그렇게 일생을 꿈을 잃고 헤매다 도착한 곳은 깜깜한 절벽 앞이었다. 무엇 하나 당신 뜻대로 결정하고 도전해본 것이 없다. 꿈을 접어야 할 때마다 스스로 마음 다스리기를 얼마나 많이 하셨을까.

'속세에 두고 온 님 잊을 길 없어 법당에 촛불 켜고 홀로 울적에 아~' 수덕사 여승의 슬픈 사랑이 애달파 평생 애창곡으로 삼으시더니 지금도 가사를 기억하실 만큼 여전히 소녀 감성이시다. 굴곡진 삶을 지고 간다는 것이 심성이 여린 한 여인에게는 너무 버거운 일이었다. 가로막힌 벽 앞에서 의지할 곳이라곤 서랍 속 신경안정제와 싱크대 아래 감추어둔 소주뿐이었다.

돌너덜길을 헤매다 겨우 다다른 곳이 망각의 섬이다. 돌이켜 세워줄 사람 하나 없는 그곳에 어머니가 누워 계신다. 엄마는 막내딸을 찾으러 파출소로 달려오셨지만 딸은 어머니를 찾으러 갈 수가 없다. 남편도 자식도 세상 그 누구도 당신 편이 없었음을 원망이라도 하듯이 점점 멀리 가버리신다. 어머니의 섬에는 내가 모르는 당신만의 세계가 따로 있는 것일까? 안타까워하는 나와 달리 아무런 걱정도 두려움도 없으시다. 순사 아저씨들과 노느라 엄마를 외면한 여섯 살 막내딸이 그랬던 것처럼.

자식도 남편도 아닌 어머니의 진정한 아버지를 찾아 생명줄처럼 묵주를 붙잡고 오늘도 주기도문을 외시겠지. 어머니를 대신 보낸 신만이 어머니를 망각의 섬에서 구원하시리라.
 '아버지의 뜻이 하늘에서와같이 땅에서도 이루어지게 하소서.'

가시처럼 따갑고
보늬처럼 떫은

'오도독'

밤의 정적을 깨는 요란한 소리. 창이 흔들릴까 집채가 무너질까. 여럿이 함께 있다면 솔직한 소리요, 조용한 곳이라면 감출 수 없는 민망함이다.

지인의 산으로 밤을 주우러 갔다. 드나드는 사람이 없는 데다 온통 밤나무밭이어서 발아래 떨어진 아람이 지천이었다. 이미 제집을 벗어나 마른 낙엽 사이로 숨은 놈도 있고 쩍 벌어진 밤송이에 들어앉아 숨을 죽이고 있는 놈도 있다. 그냥 줍기만 해도 충분할 것을 욕심은 어둑한 산 구릉에서도 스멀스멀 피어오른다. 밤송이를 집어다 발아래에 갖다 놓아야 하는데 가시의 저항이 만만치 않다. 손끝으로 아주 살며시 조심조심 집으려 해도 콕콕 찌르는 아픔을 피할 수가 없다. 아직 초록이 가시지 않은 주먹만 한 밤송이에 양발을 대고 바깥을 향해 비껴대면 숨어 있던 밤 알 세 개가 쑥 나온다. 옴팡지게 붙어있는 모습이 마치 우리 세 자매 같다.

  집으로 돌아와 밤을 담은 자루를 쏟았다. 맛이 궁금하다. 껍질을 벗기려는데 손가락이 아파온다. 겉껍질은 그렇다 쳐도 보늬를 벗겨내려면 여간 성가신 게 아니다. 이것이 귀찮아서 아예 밤을 먹지 않겠다는 친구도 있지만 연한 속살이 입안에서 으스러지면서 씹힐 때 느끼는 달착지근하고 고소한 맛을 어찌 마다할 수 있는가.

  밤은 왜 껍질이 세 겹이나 될까 궁금하다. 속 알맹이는 껍질의 고단함을 알기나 할까? 인간의 손이 탐하지 않게 하고 비바람을 막아주며 고이고이 싸서 온전하게 익으라던 껍질의 노고를 누가 알아주랴. 견고하고 거친 껍질은 외면한 채 우리의 관심은 속살 뽀얀 알맹이에만 닿아 있는 것을.

  우리 세 자매에게 아버지의 잔소리는 언제나 따가웠다. 가까이하고 싶지 않은 수많은 밤 가시에 우리는 적잖이 괴로워했다. 초등학교 때 부재중 전화를 전해드리면 언제 받은 전화냐, 누가 왜 한 전화냐, 왜 육하원칙대로 메모를 남겨놓지 않았냐 등등 틀린 말씀이 하나 없는데도 매번 당하는 피드백에

진땀을 흘려야 했다. 어느 것 하나 그냥 넘기시는 법이 없다. 아버지 말씀에 이의를 제기하면 잔소리는 더 긴소리가 되기 일쑤였다. 입을 꾹 닫고 끝날 때까지 견디는 것만이 상책이었다. 오죽하면 언니는 아버지의 잔소리 때문에 가출하고 싶다 했을까. 나도 이다음에 어른이 되면 절대 잔소리는 하지 않겠다고 다짐하곤 했다.

잔소리는 누구에게나 보늬처럼 떫다. 부모의 잔소리는 내가 아이를 키우면서 시행착오를 겪고 난 후에야 보약이란 것을 알게 되었지만, 아버지가 내려주시는 보약을 우리는 그리도 밀어내려고만 했다.

언제부턴가 친정에 가면 아버지는 부쩍 말씀이 없으셨고 조잘대는 우리들 얘기를 듣기만 하셨다. 잔소리가 없어지자 좋기는커녕 삶아서 먹다 버린 쭈그러진 밤껍질처럼 측은해 보였다.

밤은 알맹이 속에 있는 배아가 싹을 틔워 나무가 될 때까지도 껍질은 자신의 의무를 저버리지 않는다. 육신이 썩어가면서도 종족보존을 위해 이렇듯 쉬이 마음을 놓지 못한다. 아버지는 당신의 가는 길을 예견하시곤 내게 통장을 보여주셨다. 장례비용을 넣었으니 혹시 갑자기 일이 생기더라도 우왕좌왕하지 말고 이것으로 대처를 하라시는 거였다. 쓸데없는 걱정을 하신다고 말씀드렸지만 그것이 부모 마음인 것을. 가시는 순간까지 자식이 힘들까 그렇게 껍질까지 내어주시고는 며칠 뒤 우리 곁을 떠나셨다. 아버지는 싹을 틔우고도 여전히 썩지 않는 밤껍질이었다.

곡돌사신무은택 초두난액위상객曲突徙薪無恩澤 焦頭爛額爲上客. 불을 끄느라 수염을 그을리고 옷섶을 태워가며 뛰어다닌 사람에게만 공을 돌리고, 불이 나지 않도록 미리 굴뚝을 돌려놓고 장작을 옮기라고 일러준 사람의 공은 잊어버린다는 얘기다. 노심초사 자식을 위해 영양제를 내려주시는 부모의 공은 당연하다 못해 외면하면서 어쩌다 받은 다른 사람의 은혜에만 머리를 조아렸던 것은 아닐까.

거역할 수 없는 단단함으로 밤 가시같이 따갑고 보늬처럼 떫었던, 아버지의 잔소리가 이제 와 아쉬운 것은 보약의 효험을 알기 때문이리라. 요즘 부쩍 집일에 손이 많이 간다. 공구를 다루거나 나무를 손질하거나 집안일을 하면서 작은 일 하나까지도 여전히 아버지의 목소리가 아쉽다. 손끝도 야무지지 못하고 일머리도 없어, 하는 일마다 실수투성이다. 제대로 알지도 못하면서 먼저 행동으로 옮기는 바람에 한 번에 할 일도 두 번 세 번 하곤 한다. 그럴 때마다 어느새 밤 가시 같은 잔소리가 귀에서 맴돈다.

당신이 했던 것처럼 나는 내 아이들에게 사랑이 담긴 보약을 제대로 주지 못했다. 바쁘다는 핑계로 아이들을 세심하게 들여다보지 못했다. 미안한 마음에, 입에 쓴 약이 몸에 좋다는 것을 알면서도 달콤한 마시멜로만 준 적도 많았다. 보약을 주고 싶어도 이제 아이들은 모두 떠나고 곁에 없다. 아버지처럼 살지 않으려 했는데 당신이 옳았다는 것을 이제야 깨닫는다.

이제 가시같이 따갑고 보늬처럼 떫은 보약을 내려 줄 아버지가 안 계시다. 삶이 매끄럽지 못하고 여기저기서 부딪치는 소리가 날 때 아버지가 계셨더라면 어떤 보약을 내려주셨을까. 이런저런 생각에 애꿎은 밤껍질만 수북이 쌓여간다.

'오도독!'

밤을 깨무는 소리가 깊어가는 가을밤의 정적을 가른다.

누룽국

"오늘은 누룽국이나 해 먹으까?"

엄니의 이 말이 떨어지믄유, 지는 도망가구 싶었시유. 뻘건 짐칫국물두 싫었구유, 밀가루 냄시 풀풀 나는 것두 싫었시유. 왜 허구헌날 누룽국이냐 말여유. 씹기두 전에 후루룩 넘어가는 누룽국에는 겅거니라야 짠지배끼 읎는 규. 그렇다구 대놓구 싫다구 할 수두 읎었슈. 지는유, 즘심 때만 디면 울엄니가 묵은 짐치만 늫구 누룽국을 끼리시는 기 무슨 취미인 중 알었어유. 푹 퍼진 국시를 국자루다가 뒤 번씩 떠서 뱅뱅돌이 스뎅 대접에 담어 먹으믄유, 진짜루 국대접이 뱅뱅 돌었슈. 먹기 싫은 내 맴두 같이 뱅뱅 돌기만 했슈.

겨울이넌 메르치루 멀국을 맹글어설랑 짐치랑 국시만 늫구 끼리니께 뭐 딴 겅거니는 필요읎시유. 끼리기두 초간단 레시피겄다 겅거니두 필요읎으니께 일석이조가 아니구 뭐겄어유. 서민들헌티 이거맨치 좋은 끼니는 읎을 뀨. 아, 한때는 대통령두 좋아했잖유. 대통령두 사램이니께 칼국시 좋아허능기 이상할 것두 읎구만서두 우리 서민들허구 가차이 있다능 걸 보여주구 싶었등 기쥬. 누룽국 한 그륵 먹구 나믄 뱃고래가 뜨뜻허니 웃풍이 암만 씬 방이서두 양 볼에는 사과 모냥 발그레한 꽃이 폈다니께유.

삽자구 옆이 분꽃이 필 즈음이면 발쌔 엄니는 양재기에 반죽을 허기 시작해유. 츰엔 거칠게 뭉치던 덩어리가 양재기가 들썩일 때마다 서루 밀구 땡기매 곱게 합쳐져유. 사람두 그렇잖유. 츰엔 낯이 슬어 서루 밀어내다가두 어느새 한 식구맨치 뭉치게 되잖어유. 반죽한 덩어리를 이리 치대구 저리 치대믄 점점 피부 고운 얼라 궁뎅이 만해져유. 무시무시한 홍두깨루다가 요롱요롱 베깥이루 밀어내믄 어느새 크다란 보재기가 된다니께유. 엄니가 차곡차곡 개켜서 쏭긋쏭긋 쏠믄, 그때는 지가 자리를 안 떠났네유. 고쿠락이다 귀먹을 꽁댕이를 기다리는 기쥬. 누구헌티 뺏기믄 안되니께 자리를 지켜야 돼유. 지는 그것만 관심이 있었지, 가뜩이나 더워죽겄는디 펭상 옆이다가 모깃불꺼정 피워가매 땀을 뻘뻘 흘리믄서 먹는 누룽국을 왜덜 좋아허는지 이해를 못 했시유. 으른덜은 왜 그 뜨거운 누룽국을 선하다구 하는지 원.

근디 참 요상한 것이 입맛여유. 그전이는 그릏기 싫던 누룽국이 지금은 왜그릏기 좋은가 몰러유. 허기사 짐치만 늫구 끼리던 누룽국이 요새는 칼국시라는 이름을 달구 환골탈태를 하긴 했지만서두유.

지가유, 칼국시를 좋아하게 된 계기가 있었구먼유. 허구헌 날 짐치 늫구 끼린 누룽국만 먹다가 고등핵교 댕길 즉에 시내에 음석백화점이라능기 생긴 규. 굉일날마다 핵교가서 공부헌다구 핑계대구설랑은 그 음석백화점에 출근 도장을 찍었쥬. 여러 가지 음석 중에 칼국시라는 메뉴가 있넌디 그때 돈이 루다가 백 원였시유. 애껴뒀던 용돈이 봉창이서 춤을 췄쥬.

맛은 말할 것두 읎구유우, 집이서맨치 짐치를 안 늫으서 멀국이 뽀얬슈. 짐치냄새두 안 나는디다가 고명이루 빨간 다대기를 언지구 그 위에 파릇한 쑥갓 몇 닢을 올렸는디 그 쑥갓 향이 끝내줬다니께유. 뜨끈하믄서두 시원허구, 얼큰하믄서두 생긋한 그 맛은 말루 다 못 혀유. 그때부터 지는 요샛말루 칼국시 매니아가 된 규.

그린디 요새 와서는 여러 가지 고명이루다가 치장을 헌 멋드러진 칼국시보담, 메르치 늫구 끼린 멀국에 애호박이나 숭덩숭덩 쓸어 늫구 지랑물루다가 간을 혀서 먹는 칼국시가 지는 더 좋던디, 그것이 다 옛날 생각나서 그릏게 뷰. 사램두 그렇잖유. 화장을 짙게 허거나 오만가지 치장을 헌 사램은 진짜 모습을 알 수가 읎다니께유. 화장끼 읎는 맨얼굴에 수수한 사램헌티 더 정이 가는 거랑 매한가지 아닌 게 뷰. 우리 엄니처럼유.

지가 주부가 되구 보니께 엄니 맴을 알겄어유. 끼니때마다 '뭘 해 먹으야 좋을까' 허는기 늘 주부들헌티는 끝두 읎는 숙제잖유. 가뜩이나 읎는 살림에 애덜은 에미 지달리는 제비모냥 입만 벌리구 있으니께 엄니 맴이 오죽하셨겄어유. 오늘은 누룽국이나 해먹자는 말을 끄내기까지 수두 읎이 궁리를 허셨을 틴디 그걸 몰르구 먹기 싫어 도망만 댕겼다니께유. 누룽국 끼려서 자석들 앞에 내놓으시믄서 '맛있다 맛있다' 허시던 엄니 생각허믄 왜 그릏기 철이 읎었나 몰러유. 울엄니는 누룽국을 진짜루 좋아허시는 중 알었걸랑유.

누룽국이 왜 누룽국이겄어유. 꾹꾹 눌러서 맹글었으니께 누룽국이쥬. 반죽을 밀 때마다 우리네 엄니들 맴두 꾹꾹 눌렀을 규. 셋방 사는 설움두 꾹꾹 눌루구유, 비질비질 끓어오르는 화두 꾹꾹 눌렀을 규. 얇은 주머니 사정 때미 다달이 육성회비 걱정두 꾹꾹 눌렀을 거구유, 여자라서 참으야 허는 신세두 꾹꾹 눌렀을 규.

그린디 암만 꾹꾹 눌렀으믄 뭐 해유. 누룽국을 끼려서 목구녕이루 넹기기두 전에 오만 설움 다 불거져 벨 수 읎이 팅팅 불어나는구먼유. 불어터진 누룽국이 바루 우리 엄니네유. 풍선은 눌루믄 이리 삐죽 저리 삐죽 요령을 부리잖유. 자꾸 그르카믄 종내는 바람이 푸욱 빠져버리지 터지지는 않어유. 말하자믄 융통성이 있능 기쥬. 베름박을 눌러봐유. 끄떡두 안 허쥬. 해볼티믄 해보라능 규. 배짱이지 뭐 겄어유. 그린디 울엄니 누룽국은 워뗘유. 융통성두 읎구 그렇다구 배짱두 읎슈. 그냥 참는 규. 고달픈 인생살이 참다참다 퉁퉁 불어터진 규. 병이 나신 기쥬. 그 몹쓸 치매 말여유. 인저 요양원에 기시니께 더 눌를 것두 읎구 불어터질 것두 읎슈.

 인저래두 지가 엄니헌티 누룽국을 끼려드릴 수 있으믄 월매나 좋으까유. 혹시 알어유? 누룽국 보시구 기억이 잠깐이래두 돌아올는지. 띵띵 불은 누룽국이믄 워뗘유. 뜨끈허구 구수한 멀국 한 사발이믄 엄니헌티 못한 맴이 쬐끔은 면해질랑가. 닫혔던 맴두 시원허게 풀릴 것 겉은디. 허지만 워티게유. 누룽국 끼리시던 엄니는 옆이 안 기시는디. 벨스런 양념은 읎어두 정성스런 맴이루다가 맹근 엄니표 누룽국 맛을 워디가서 맛볼까유. 인저 찬바람두 부니께, 짐치능구 누룽국 한 사발 끼려서 엄니 숭내나 내 볼까 해유.

 메르치를 어따 뒀더라?

사이다

어릴 적 소풍 가는 날이면 빼놓지 않고 꼭 챙겼던 것이 삶은 달걀과 사이다였다. 퍽퍽한 계란은 넘길 때마다 목이 콱 막히기 일쑤였다. 그럴 때면 사이다가 뽀골뽀골 수정처럼 올라오는 기포의 힘으로 목 아래까지 쑥 내려주니 어찌 시원하지 않겠는가. 독특한 향과 함께 목을 타고 내려가는 내내 묘한 자극이 아찔하다.

최순실 국정농단 사태로 모 시장의 '사이다 발언'이 연일 화제였던 때가 있었다. 내 손으로 뽑은 대통령에 대한 실망과 분노로 사람들은 제 가슴을 쳤다. 답답한 국민들의 속내를 사이다처럼 시원하게 대변해 주었기에 생겨난 말이리라. 하지만 사이다는 내게 그다지 시원한 의미로 다가오지 않는다. 아니 오히려 사이다를 생각하면 가슴 한켠이 '쿡'하고 막히는 것이다.

큰아이가 고등학교에 다닐 무렵, 서울에 갈 일이 있어 함께 고속도로를 탔다. 휴게소가 가까워지자 아이는 목이 마르다며 잠시 쉬었다 가잔다. 어려서부터 편식이 심했던 아이는 사이다나 콜라 같은 음료수를 늘 입에 달고 다녔으니 오늘도 참새가 방앗간을 그냥 지나치지 못한다고 생각했다.

잠시 후 아들 녀석은 음료수를 손에 넣고 콧노래를 부르며 다시 차로 돌아왔다. 음료수 두 개가 먼저 눈에 들자, 아이가 자리에 앉자마자 갑자기 짜증 섞인 목소리를 내뱉었다.

"하나면 되지 넌 꼭 그걸 두 개씩이나 사야 되니? 무슨 음료수 욕심이 그렇게 많아?"

날카로운 나의 반응에 순간 아이의 표정이 굳어지더니 당황하는 기색이 역력하다. 의기소침해진 아이를 보며 나도 더 이상 아무 말을 하지 않았다. 차 안 분위기가 갑자기 싸늘해졌다. 이 어색한 분위기를 모면하려 아이는 아이대로 나는 나대로 도망치듯 아무 말 없이 출발했다.

그렇게 어정쩡한 분위기로 몇 분을 달렸을까? 아이가 슬며시 음료수 하나를 내려놓으며 기어들어 가는 목소리로

"하나는 엄마 건데…" 한다. 뜨끔했다.

사실 나는 음료수를 별로 좋아하지 않기 때문에 내가 음료

수를 먹을 생각은 아예 없었던 것인데 아들 녀석은 그래도 엄마랑 동행하는 게 좋았던지 제 것과 엄마 것 두 개를 샀던 것이다.

"엄마가 언제 음료수 먹는 거 봤어?"

"…."

나도 모르게 튀어나온 말이 또 가관이었다. 소통사고가 나고 만 것이다. 아차 싶었지만 이미 뱉은 말을 주워 담을 수가 없다. 그게 아니라고 다시 구구절절 설명할 수도 없고 점점 난처해졌다. 아무리 어미지만 아들 앞에서 쥐구멍이라도 있으면 들어가고 싶은 심정이었다. 차 안의 공간은 왜 이리 좁은지 우리의 숨소리만이 가득 찬 듯했다. 민망함을 들킬세라 어색하기 짝이 없다. 어쩌면 어미가 돼서 그깟 음료수가 뭐라고….

풀이 죽은 아이의 숨소리를 고스란히 느끼면서 이 어색한 분위기를 어떻게 수습해야 할지 난감하였다. 왜 그다지도 성급하게 감정을 내뱉었을까? 왜 그랬을까. 아이는 이미 어른이 되어가고 있다는 사실을 눈치채지 못할 만큼 어리석은 엄마였다.

하루하루를 등 떠밀리듯 바쁘게 생활하면서 정작 소중한 것이 무엇인지도 모르고 코앞에 보이는 일과에만 허덕였다. 어려서부터 엄마 없는 빈집에서 아이가 느꼈을 공허함과 외로움을 생각하기보다 내 아이니까 으레 잘 자라주려니 했다.

아이의 속내를 들여다보기는커녕 훈육이라는 핑계로 야단치며 잔소리하는 데에 익숙한 엄마였다. 신은 모든 곳에 있을 수 없기에 어머니를 대신 보냈다는데 대리 신은 실수도 하는 모양이다.

아들에 대한 미안함과 자신에 대한 책망으로 뒤죽박죽된 채 슬며시 아들을 보았다. 눈을 감고 있다. 저도 많이 속이 상했나 보다. 왜 안 그럴까. 슬쩍 아이의 허벅지에 내 손을 올려놓았다. 아이가 움찔하며 깬다.

"…"

나의 사과는 서툴기 짝이 없었다.

미안하다는 그 한마디가 왜 목구멍을 넘어오지 못할까? 아이 앞이라서 잘못을 인정하는 데 더욱 인색했다. 남에게는, 윗사람에게는 죄송하단 말을 잘도 하면서 정작 내 아이에게는 사과할 용기가 없었다. 응어리를 풀어줄 그 한마디가 윗사람보다 아랫사람에게 더 필요한 것을.

20년이 다 된 지금까지도 그때 생각만 하면 쥐구멍에라도 숨고 싶다. 그래서인지 사이다는 어설픈 모정을 나무라듯 언제나 나의 목을 톡 쏜다. 아플 만큼.

3부

태풍

수제비로 끓어나는 화和

나팔꽃과 유리벽

이건 비밀입니다만

나르시스가 기다린 님프

가시를 빼다

굽은 길을 걸으며

날마다 천국

시골쥐 서울쥐

태풍

"누굴 찾는다고?"

"요 아랫집 김○○이요."

"김○◇?"

"네."

치아가 성근 노인의 애매한 발음이지만 나는 지푸라기 하나라도 붙잡고 싶었다.

"그 사람 죽었잖어."

이 무슨 황당한 말씀이신가? 온몸에서 맥이 쭉 빠져나갔다. 그럴 리가. 아닐 거야. 아닐 거야.

태풍 카눈의 위력이 역대 사상 최대라기에 온종일 긴장된 마음을 늦출 수가 없었다. 만약을 대비해 마당 이곳저곳을 둘러보며 비설거지는 해두었지만 마치 디스코팡팡이 흔들리듯 마당 주변의 크고 작은 나무며 풀잎들이 모두 이리 쏠리고 저리 쏠린다. 전선 위까지 키를 세운 은행나무마저 몸서리치고 앞산의 초록이 통째로 비틀거린다.

　이튿날 아침 일찍 텃밭으로 나갔다. 세상에 맙소사! 내 사랑 텃밭 바라미들이 처참하다. 서리태가 나자빠지고 훤칠한 옥수수는 허리가 꺾이고 말았다. 새벽마다 풀을 뽑고 일일이 손으로 벌레를 잡으며 눈도장을 찍지 않았던가. 처참하다. 진작부터 왜 세심하게 대비하지 못했을까. 어디서부터 약을 바르고 붕대를 감아줘야 할지 막막하다. 달콤한 과일이라는 이름을 가진 '카눈'에 속수무책으로 당한 나의 바라미들에게 미안했다.

　낙심은 텃밭에만 있는 것이 아니었다. 어르신의 발음이 잘못되었길 바라면서 그를 좀 더 찾아보기로 했다. 언제부턴가 전화를 해도 답이 없고 어제 보낸 카톡도 여태 빨간 숫자가 지워지지 않았다. 무슨 오해가 있었던 것은 아닐까? 어머님의 병환으로 힘든 상황이란 것은 알고 있었지만 그렇다고 연락까지 끊을 게 무에 있냐 말이다. 별일 없어야 할 텐데…. 궁금증이 숙성되면 걱정이 된다. 그래서 나선 길이었다.

　그의 하우스로 향했다. 문이 활짝 열린 채 주변은 모두가 정지 모드다. 밭둑을 덮어버린 호박 넝쿨이며 옥수숫대를 칭칭 감고 올라간 넝쿨콩 잎도 모두 움직임이 없다. 밖에 우두커니 세워둔 냉장고와 간이 테이블은 물론, 생명을 가진 모든 것들이 숨을 죽이고 있다. 전에 왔을 때 손수 타주던 봉지 커피도 주전자도 보이지 않는다. 그의 흔적을 찾기 위해 하우스 안을 들여다보았다. 파릇한 미래는 보이지 않고 세워놓은 깻단만 줄지어있다. 늘어놓은 작업 도구들은 주인을 잊은 듯하고 깻단을 향한 선풍기만 정적 가운데 목숨줄을 겨우 이어낸다. 덜컥 겁이 났다. "왔슈?" 하며 미소 띤 그가 다가올 것 같은데 벌건 대낮이 무서우리만치 조용하다. 저 혼자 돌아가는 선풍기에 희망을 기대어 보기로 했다.

생명이 붙어있는 한 나의 바라미들을 그대로 둘 순 없다. 후두둑…. 떨구어내지 못한 빗방울이 어깨 위로 쏟아진다. 버팀목을 세우고 허리쯤에 줄을 맸다. 슬쩍 건드리기만 해도 연한 줄기가 속절없이 부러진다. 옥수수가 수분受粉을 제대로 마치기나 한 건지…. 이번 추석에 먹으려고 심은 늦옥수수는 포기해야 할 것 같다. 이미 고랑에 누워버린 서리태도 헛일이 되어버렸다. 망연자실 힘이 쭉 빠진다.

이틀이 지나고 허망하여 외면하던 텃밭에 다시 눈이 갔다. 누워있던 서리태도 옥수수도 조금씩 하늘을 향해 일어서고 있었다. 모종을 심을 때 맞추었던 줄이 이리저리 흐트러지긴 했어도 그들은 쓰러진 것이 아니었다. 일으켜 세운다고 여린 줄기를 오히려 부러뜨린 것이 후회되었다. 차라리 그냥 둘 것을. 지나친 관심이었을까? 나의 손길이 아니어도 저들은 알아서 제 살길을 찾아가는 중이다.

하우스에서 나와 천천히 발길을 돌리려는데 눈에 익은 그의 차가 내 앞에서 선다. 나의 눈이 커졌다. 어르신의 말씀이 빗나갔음에 안도했다. 까무잡잡 야윈 얼굴로 그는 차에서 내렸다. 나는 아무렇지 않은 듯 너스레를 떨었다.

"아유~~ 죽었는 줄 알았잖아요. 사람이 왜 그래요?"

"…"

계면쩍게 웃는 그의 표정이 그간의 많은 것을 말해주고 있었다.

"무슨 안 좋은 일 있어요?"

"나중에…. 지금은, 아무하고도 연락하고 싶지 않아요. 나중에 내가 연락할게요."

그는 바쁘다면서 볼일을 보고는 바로 차를 다시 돌렸다. 더는 물어볼 수가 없었다. 그나마 바쁘다니 안심이다. 그에게도 태풍은 예외가 아니었나 보다.

누구의 관심도 지금 그에게는 전혀 도움이 되지 않을 거란 걸 안다. 내 텃밭의 바라미들이 스스로 일어서듯이 어떻게든 그는 다시 일어설 것이다. 아니 어쩌면 지금 일어서고 있는 중일 것이다. 기다려주는 것, 그가 다시 일상으로 돌아올 때까지 기다려주는 것만이 내가 할 수 있는 최선인 것 같다.

태풍 뒤의 초록이 더욱 진하다.

수제비로 끓어나는 화和

좌르르 쏴아…. 처마 밑으로 파고드는 소나기가 옹송그레 일어선 솜털 사이로 끈적한 열기를 가셔낸다. 비가 오는 날이면 은근히 생각나는 것이 있지 않은가. 양재기를 꺼냈다. 냄비에 멸치를 넣고 감자를 어슷하게 썰어 국물을 낸다. 봄 가뭄에 유난히 힘들어했던 감자다.

밭두둑이 딱딱하게 굳고 잡풀마저 생장점이 머뭇머뭇했다. 감자꽃이 피고 한참 몸피를 부풀려야 할 때 한 달 이상을 비가 내리지 않았다. 아침저녁으로 호스를 끌어다 한두 시간씩 물을 댔다. 아무리 정성을 쏟아도 한줄기 비에는 미치지 못하였다. 그러저러 겨우 캐낸 감자니 어찌 애틋하지 않으랴. 펄펄 끓는 물 속에 들어서야 겨우 긴장이 풀리는가 푸슬푸슬 제

몸을 부스러뜨린다. 이 순간을 위해 봄부터 그렇게 긴 가뭄을 견뎌왔던가. 제 한 몸 찌고 말려서 뒤틀려가며 살신殺身하여 인仁을 이룬 멸치가 그를 품에 안는다.

양재기에 통밀가루를 넣고 적당량의 물을 부은 다음 이리저리 치댄다. 어릴 적 엄마가 해주시던 수제비는 반죽을 질게 해서 주걱으로 떠낸 다음 젓가락으로 뚝 뚝 삐겼다. 주걱에서 떼어낸 수제비떡은 물고기가 물속으로 뛰어내리듯 펄펄 끓는 국물로 퐁당퐁당 들어갔다. 오늘은 그보다 되직하게, 칼국수보다는 부드럽게 치댄 반죽을 검지와 장지 사이로 얇게 벌려 뚝뚝 떼어 넣는다. 거무스름한 통밀 반죽은 영락없는 농군의 얼굴빛이요, 쫀득쫀득한 식감은 차진 인정이다.

크기도 제각각, 두께도 제각각, 떼어낼 때마다 모양도 제각각이니 틀에 박히지 않은 여유라고나 할까? 규범을 벗어난 자연, 무위無爲의 경지다. 아이들도 제멋대로 천방지축이던 아이가 커서는 오히려 더 큰 일을 하지 않던가. 하는 것이 없는 듯하나 하지 않는 것이 아니다. 무위이무불위無爲而無不爲다.

괄괄한 땡볕을 한몸에 받은 호박잎새 아래 가만히 숨어 있던 호박이 이제 막 이소離巢를 준비 중이다. 감자가 익어가고 수제비가 하나, 둘 떠오르기 시작하면 방금 따온 애호박을 쏘각쏘각 반달 모양으로 썬다. 살이 연한 애호박이 칼날이 지난 자리에 송글송글 땀방울을 맺는다. 출발선에 선 육상선수처럼 저도 긴장이 되나 보다. 하지만 뜨거운 육수에 들어가면 이내 안정을 찾고 유들유들 노랑과 연둣빛으로 생기를 돋운다. 그 빛깔은 끝까지 잃지 않는다. 감자와 반죽과 한데 어우러지지만 저를 버리고 따라가지는 않는다. 화이부동和而不同이다.

세상에 양파만큼 솔직한 것이 또 있을까? 애초부터 의뭉스럽지 않았다. 밭에서도 몸피가 불어나면서부터 땅 위로 온전하게 몸을 드러낸다. 제 가진 것을 다 보여주고 나면 고단한 생을 마감하려 꼿꼿하게 서 있던 잎을 스스로 누인다. 땅속에 몸을 숨긴 마늘이나 감자처럼 얼마큼 컸을까 궁금해할 필요가 없다. 눈에 보이는 것이 전부다. 껍질을 까고 또 까도 새로운 것이 나올 게 없다.

양파 같은 사람이 있었다. 스펙Specification이 화려하여 우리가 모르는 무엇인가가 있을 거라 여겼다. 하지만 알면 알수록 우리네와 별반 다를 게 없는 겸손한 사람이었다. 그래서 더 쉽게 가까워질 수 있었다. 사람들은 자신을 낮추어 드러내지 않는 것을 겸손이라 하지만 양파처럼 오롯이 있는 그대로 다 보여주는 것이 오히려 겸손이지 않을까? 솔직하면 남을 기만할 일이 없으니 겸손에는 솔직함이 우선이다.

불을 낮춘다. 냄비 속에서 저들끼리 소용돌이치며 끓는 것은 소란이 아니라 화합이다. 시원하고 구수한 맛을 위한 춤사위다. 다진 마늘과 송송 썬 대파마저 매운맛을 버리고 다른 것들과 호흡을 맞춘다. 검양지덕이다. 계란은 안 넣어도 그만이지만 그렇다고 안 넣으면 왠지 서운하다. 있는 듯 없는 듯 별 존재감이 없던 사람도 막상 자리에 없고 보면 아쉽지 않던가. 세상에 존재의 가치가 없는 사람은 없다.

이제 다 되었다. 하늘하늘 피어오르는 하얀 김이 빗소리도 잠재운다. 사실 수제비 맛이라야 특별한 향이 있는 것도 아니요, 자극적이지도 않다. 별난 재료가 들어간 것도 아니지만 저마다 자신의 맛을 드러내지 않는다. 잘났으나 못났으나 저 잘난 맛에 사는 우리네와는 다르다.

별나지도 귀하지도 않은 소박한 맛에 끌리는 이유가 뭘까? 특별할 것 하나 없는 멸치, 감자, 양파, 호박…. 오성급 호텔에서 고샅길 접어든 할머니 집까지 어딜 가나 흔하디흔한 식재료다. 독특한 매력이 있는 것도 아니다. 나름 아린 맛, 매운맛, 저만의 맛을 갖고 있지만 자신을 드러내지 않으니 중中을 넘어 화和에 이른 맛이다.

호화스럽지 않으면서 누구에게나 친근한 서민의 맛. 어울렁더울렁 제 모습 뭉개가며 자신을 낮추니 귀한 음식 아니어도 귀히 여길 수밖에.

박수갈채처럼 요란하던 소나기의 흥분도 이제 잠잠해졌나 보다. 옆집에서 건너오는 발걸음이 반갑다.

나팔꽃과 유리벽

 나팔꽃이 피었다. 반갑다. 필까 말까 망설이다 피었는지 알 수 없지만, 주인의 무관심에도 꿋꿋하게 피어난 나팔꽃이 대견하다. 꽃이 어른 주먹만 하게 크니 보기만 해도 입이 절로 벌어진다. 몇 해 전 지인에게서 씨를 얻었는데 워낙 꽃이 크고 색이 고와 해마다 씨를 받아 화분에 심었다. 그러던 것이 작년에는 씨앗 둔 곳을 몰라 심지 못했었다. 올봄 우연히 씨앗 봉지를 찾아낸 것이다.

 한 해를 묵은 씨라서 심을 때만 해도 과연 싹이 날까 의심스러웠다. 반신반의하며 며칠을 지켜보니 봄볕은 나팔꽃 화분에도 공평하게 은총을 베풀었다. 용케도 싹을 틔워 줄을 타고 오르기 시작했다. 그런데 밑동부터 맺혀야 할 꽃봉오리가 맺히지 않았다. 그럼 그렇지. 실망한 나는 연둣빛 이파리에나 만족하자 했다. 상큼한 잎사귀만으로도 생기가 넘치니 네모진 아파트 안에서 느끼는 동그란 위안이었다.

 나팔꽃 덩굴은 끝간 데를 모르듯 위로 위로 올라가더니 급기야는 버티컬까지 감기 시작했다. 한낮의 태양은 점점 달구어지고 볕을 가려야 하는 버티컬은 제 역할을 놓은 채 나팔꽃 덩굴의 지지대가 되어버렸다. 허락도 없이 거침없이 감고 올라서는 덩굴손이 두렵기도 하고 대견하기도 하다.

 여름이 익어가도록 이파리만 무성해진 나팔꽃에 나의 관심은 점점 무뎌갔다. 늦잠에 겨운 아침마다 눈길 한 번 제대로 주지 못하는 날이 많았다. 가끔 잎이 시들해지는 것 같으면 물을 주는 것이 고작이었다. 그런데 오늘 아침 문득 붉은보랏빛 꽃이 눈에 들어왔다. 세상에 대고 무어라 소리를 지르듯 벌게진 얼굴로 밖을 향해 피어난 것이다. 반갑던 마음도 잠시, 왠지 모를 두려움이 서려온다.

 유리창에 바싹 기대어 커다랗게 입을 벌리고 핀 나팔꽃이 그동안 나의 게으름을 세상 밖에 대고 소문이라도 낼 것 같다. 안에서 하는 이야기를 모조리 동네방네 방송을 해댈 것 같다. 흉잡힐 만한 게 뭐가 있을까 소심해진 나는 유심히 꽃을 살펴보다 유리창이라는 벽에 절감한 나팔꽃을 발견했다. 그들은 거의 나를 등지고 밖을 향해 피었다. 개중에는 맘껏 활개를 펴지 못하고 단단한 유리창에 부딪쳐 살가운 꽃잎이 일그러진 것도 있다. 세상 밖에 대고 힘껏 외쳐야 할 녀석들이 아닌가.

유리창이 떡하니 버티고 섰다. '내가 너의 바람막이가 되어줄 테니 아무 걱정 말아라. 내 마음은 언제나 활짝 열려있단다. 네가 원하는 하늘도 바라볼 수 있게 해 줄 것이고 햇볕도 온전하게 전해줄 것이다. 난 이렇게 늘 투명하잖니? 그러니 나를 믿어라'라며 웃음을 보인다. 그러면서 못 본 건지 못 본 체하는 건지 일그러진 나팔꽃의 얼굴은 상관하지 않는다. 나팔꽃이 측은하다. 유리창에 대고 아무리 나팔을 불어댄들 누구 하나 알아듣기나 할 것인가. 묵은 씨로 겨우겨우 싹을 틔워 예까지 온 자신을 스스로 대견해 한들 누가 알아주기나 할 것인가 말이다. 소리 없는 나팔일 뿐이다.

우리는 유리벽 같은 사람을 만날 때 숨이 막힌다. 그는 물론 능력도 있고 경험도 있고 가진 것도 많다. 부모가 그렇고 상사, 선배가 그렇다. 그들은 무모한 도전을 두려워하며 언제나 완전무결하기를 바란다. 자신이 살면서 얻은 경험치가 최선이라고 생각한다. 자식이나 후배가 하는 일은 늘 못 미덥다. 그러니 견고한 바람막이가 되어주겠다며 보호자를 자처한다. 참 고마운 일이다.

하지만 나팔꽃은 자신의 아름다움을 활짝 펴 보일 수가 없다. 태양을 향해 피어야 하거늘 번번이 유리벽에 가로막혀 얼굴이 일그러진다. 고마운 것이 아니라 오히려 원망스럽다. 자식은 부모의 간섭이 싫고 후배는 선배의 잔소리가 성가시다. 기를 쓰고 부딪힐 때마다 마음엔 상처가 쌓인다. 앞에 가로막힌 장벽을 뛰어넘을 수 없으니 옆으로 옆으로 자꾸 다른 곳으로 손을 뻗는다. 유리벽을 피해 좀 더 먼 곳에서 제대로 된 꽃을 피우려 한다.

유리벽은 답을 훤히 알고 있는 자신을 순순히 따르지 않고 제멋대로 뻗어가려는 나팔꽃이 불안하고, 나팔꽃은 요지부동 자신의 주장만이 옳다고 하는 유리벽이 답답하다. 유리벽은 자신이 투명하다고 주장하지만 선팅이 되어있다는 사실을 잊고 있다. 세월의 먼지가 덕지덕지 묻었어도 자신의 먼지는 보지 못한다. 나팔꽃은 그런 유리벽이 답답하다. 뚫고 나가고 싶다. 아우성을 치면 칠수록 나팔꽃잎은 일그러진다. 불통은 원망을 낳는다. 소통은 쌍방향이지 결코 일방이 아니다. 대화 좀 하자고 불러놓고 저 혼자 훈계하면 꼰대라는 것을 꼰대 자신만 모른다.

아이는 요지부동한 부모가 답답하고 부모는 뻔한 답이 있는데도 멀리 돌아가려는 아이가 답답하다. 아이는 부모가 되어보지 못했지만 부모는 아이였던 적이 있지 않은가. 그 옛날 노자도 한정된 지식이나 체계에 가두려 하지 말고 무지무욕無知無欲하여 열린 광장으로 나가게 하는 것이 건강한 삶이라고 했다. 나팔꽃 덩굴이 세상 밖으로 뻗어갈 수 있도록 이제 유리창을 활짝 열어야겠다. 여태껏 나도 유리벽으로 살아오진 않았을까?

아들에게서 걸려온 전화벨 소리에 괜스레 뜨끔하다.

이건
비밀입니다만

3번 핀 자리가 빈 듯합니다. 옆 사람에게 물으니 아니랍니다. 내 눈이 이상해졌나? 멀쩡하게 있는 것도 보이지 않으니 핀을 제대로 맞힐 리가 없습니다. 자꾸 스플릿은 나고 스트라이크는 먼 얘기입니다. 아니, 스트라이크가 문제가 아닙니다.

이번에도 내가 속고 있는 것일까요? 볼링핀은 나를 속일 리 없지만, 오늘 만나기로 한 사람은 나를 속이고 있는지 모릅니다. 어젯밤 채팅을 하던 중 갑자기 나타난 운영자의 메시지만 아니었다면 이렇게 불안하지는 않을 텐데 말입니다.

요즘 들어 동네에서 중고를 거래하는 당○마켓 앱에 빠졌습니다. 책장이 필요해 며칠을 두고 지켜보는데 마침 내가 찾던 바로 그 책장이 나타났습니다. 자세히 보니 하자도 없고 쓸

만해 보였습니다. 아니, 누구나 보면 탐을 낼 만했습니다. 이럴 때 망설이면 물거품이 되기 십상이지요. 서둘러야 합니다. 그런데 올라온 문구가 가관입니다.

'산다고 하고 잠수 타는 사람, 사겠다고 예약 잡고 이것저것 따지는 사람, 채팅으로 간만 보고 무응답 하는 사람들이 많아 짜증이 나니, 거래 날짜 잡고 예약하실 분은 절반 선입금을 받고 거래하겠습니다.'

올린 글에 화가 잔뜩 묻었습니다. 아마도 여러 번 곤욕을 치렀던 모양입니다. 나야말로 확실한 사람이니 얼른 채팅을 시도했습니다. 뛰는 놈 위에 나는 놈 있다고 내가 아무리 빨라도 늘 나보다 먼저인 사람이 꼭 있기 마련이지요.

벌써 누군가 이틀 뒤에 가져가기로 약속을 했답니다. 포기해야 하나? 아까운데…. 놓치고 싶지 않습니다. 아, 먼저 선입금하는 사람에게 팔겠다고 하지 않았던가. 마음이 급해졌습니다. 선뜻 절반을 당장 입금하겠노라 했더니 곧바로 계좌번호를 보내왔습니다.

열세 개의 번호가 숨도 고르기 무섭게 마켓 운영자로부터 메시지가 훅 끼어들었습니다. 상대에게는 보이지 않는 메시지라면서 선입금을 요구하면 사기일 수 있으니 직거래를 하랍니다. 우리의 모든 상황을 지켜보고 있었단 말인가요. 무엇을 들키기라도 한 것처럼 뜨끔합니다. 나를 보호하기 위한 가림막이러니 고마우면서도 한편 달갑지가 않습니다.

　갑자기 손이 멈칫합니다. 어떻게 해야 하지? 이미 보내기로 약속을 했는데…. 입금 확인을 위해 모니터를 뚫어져라 쏘아 보고 있을 상대의 모습이 어른거립니다. 뾰족한 수가 얼른 생각나지 않습니다. 그 물건을 놓치고 싶지도 않습니다. 그냥 보낼까? 아니지. 지난번 보이스피싱 때도 현금인출기에 뜨는 메시지를 무시했다가 변을 당하지 않았던가. 설마 이런 대푼으로 사기를 칠까? 큰돈도 아닌데 속는 셈 치고 송금해보자. 아냐, 원래 중고 거래는 직접 만나 맞돈으로 주고받는 것이 맞다. 어떡하지? 난 그 책장이 꼭 필요한데….

　내가 원하던 그 물건이 물거품이 아니길 바라면서 나의 손가락은 이미 열세 개의 숫자를 터치합니다. 나를 지켜보고 있는 운영자는 안타까워하고 있겠지요. 하지만 내 일인걸요. 그리고 사기가 아닐 수도 있잖아요. 마음은 이미 기울었고 나는 '이체' 버튼을 눌렀습니다. 이내 기다렸다는 듯이 그쪽으로부터 확인했다는 답이 왔습니다. 내일 오전에 연락을 다시 하기로 하고 대충 시간 약속을 받았습니다. 예약을 해 놓고도 이렇게 불편할 수가 있을까요. 원하던 물건을 손에 넣게 되었다는 기쁨은커녕 이번에도 또 맥없이 당하는가 싶어 안절부절입니다. 남의 말을 쉽게 믿는 편이어서 큰코다친 적이 한두 번이 아니랍니다.

어쩌면 진짜 사기꾼일지 몰라. 나처럼 어수룩한 사람들만 모아서 사기를 치는지도 모르지. 혹시 이틀 후에 예약을 받았다던 얘기도 거짓인지 모릅니다. 나를 꼬드기기 위한 미끼였을지도요. 그러고 보니 나와 예약을 했으면서 '예약 중'이라는 표시를 내걸지 않는 것도 미심쩍습니다. 지금도 여전히 나 같은 사람을 찾아 쇠푼을 그러모으고 있는지도 모르겠습니다. 괘씸한 노릇입니다.

아니야, 분명 아파트 이름까지 알려줬어. 그 아파트는 확실히 존재하는 아파트였어. 혹시 거짓으로 아무 데나 둘러댄 것 아닐까? 두고 보면 알겠지. 이건 순전히 모험입니다.

내 차례가 되어 레인 위로 올라서서도 사기에 걸려들었다는 생각에 앞이 희뿌옇습니다. 옆 사람은 전과 같지 않게 자꾸 스플릿을 내는 내게 코치를 해주지만 헛수고입니다. 아무 소리도 들리지 않습니다. 모두 파이팅을 하며 '하하 호호' 하는데 내 표정만 건성입니다.

정말 내가 당한 것일까요? 사기꾼에게 쉽게 놀아나는 자신이 한심스럽습니다. 나는 늘 왜 이 모양일까요? 아니, 사람을 잘 믿는 것이 무슨 죄란 말인가요? 이런 일이 생길 때마다 어디서부터 어떻게 의심을 해야 하는지 모르겠습니다. 사기와 사기가 아닌 것의 차이를 도무지 분간하지 못하겠단 말입니다. 만약 이번에도 내가 당하는 것이라면 그동안 주고받았던 채팅 내용을 공개해서라도 어느 대목부터 잘못된 것인지 어떻게 해야 했는지, 누구라도 붙잡고 조언을 구해 볼 참입니다. 나도 내가 답답합니다. 액수가 문제가 아니라 매번 속고 사는 나 자신이 한심하다는 겁니다.

아마도 내게 들러붙어 있는 탐심이 문제인 것 같습니다. 하지만 그 정도 욕심을 가진 사람이 어디 나뿐인가요? 욕심이 문제가 아니라 마음이 약한 것이 문제인지 모릅니다. 상대에게 당차게 둘러대지도 못하고 위기를 모면하려는 순발력도 없습니다. 너무도 정직하게, 곧이곧대로, 융통성도 없이, 학교에서 배운 그대로 실천하는 범생이. 사람들이 다 나와 같을 것이라고 믿는 그것이 문제입니다. 누구는 의심부터 한다는데 나는 우선 믿고 봅니다.

어느덧 볼링 게임은 끝이 나고 모두 식사를 하러 갈 즈음 나는 서둘러 볼링장을 나왔습니다. 진정 내가 바보짓을 하는 것일까? 미리 출발하여 근처까지 가도록 아무 연락이 없으면 허탈하게 되돌아올 바보 같은 나를 상상해 봅니다. 차라리 회원들과 화기애애하게 식사나 하는 편이 옳지 않았을까? 운전석에 앉자마자 휴대폰을 엽니다. 과연 반응이 올까? 손가락이 떨립니다.

'지금 출발합니다. 몇 동으로 갈까요?'

'102동 앞으로 오세요.'

바로 답이 왔습니다. 가시덤불을 거두어내듯 복잡했던 머릿속이 훤해집니다. 그곳을 향해 차는 미끄러지듯 달립니다. 차창으로 들어오는 초가을 맑은 바람이 내 마음의 찌꺼기를 씻어냅니다. 지옥을 벗어나 천당으로 가는 길입니다.

도착해서 보니 부부인지 남매인지 너무도 예쁜 두 젊은이가 나를 기다리고 있습니다. 분해한 책장을 가지런히 묶어서 부품과 함께 조심조심 건네며 조립하는 방법도 상세하게 일러줍니다. 말하는 품새로 보아 퍽이나 애착을 갖고 써왔던 듯합니다. 이제 필요 없어 처분한다면서 잘 쓰셨으면 좋겠다는 말까지 덧붙입니다. 인사하는 모양새도 수굿합니다. 어제 만 오천 원을 입금하고 나머지 만 오천 원을 건네려니 삼천 원을 깎아주겠답니다. 세상에 이런.

돌아오는 내내 가을 햇살이 내 마음처럼 따사롭습니다. 책장을 조립하는 구멍마다 나사가 빙글빙글 잘도 맞아 돌아갑니다. 세상 모든 사람, 모든 일이 이렇게 부드럽게 돌아가면 얼마나 좋을까요. 의심의 삐걱거림이 없는 그런 세상 말입니다. 하루도 채 안 되는 시간 동안 군걱정 하느라 진이 빠진 건 둘째치고 함부로 의심한 젊은이들에게 미안한 이 마음은 어찌할까요.

쉿! 그 젊은이들에겐 비밀입니다.

나르시스가
기다린 님프

 오해와 진실 사이의 거리는 얼마나 될까? 헤라의 저주가 아니었다면 에코는 사랑을 이루었을지 모른다. 목소리가 아름다운 에코도 나르키소스에게 다가가지 못했다. 마음과는 다르게 메아리만 들려줄 수밖에 없던 에코가 나르시스에게 말하려던 진실은 과연 무엇이었을까. 그냥 '(사랑)해요 해요 해요….' 뿐이었을까? 메아리만 들은 나르키소스가 에코의 마음을 알 리 없다.
 흰 눈이 소복이 내리던 어느 날 돌계단 아래 무언가가 파르라니 눈짓을 하고 있었다. 봄을 기다리는 마음이 나만큼 급했던지 벌써 나와 떨고 있다. 이파리 끝은 점점 누렇게 말라가고 내가 오가며 멋모르고 짓밟은 흔적도 역력하다. 서둘러 나오더니 상처투성이다. 안쓰럽지만 내가 해줄 수 있는 것이라곤 아무것도 없었다. 저러다 그냥 스러지겠지.

내 생각은 빗나가고 있었다. 한겨울 눈이불을 덮고 냉기를 견뎌낸 새싹은 날이 갈수록 생명의 푸른 피를 길어올리고 있었다. 이게 뭘까? 지난 초겨울 마당이 있는 집으로 이사 와 어디서 무슨 싹이 나올지 나도 아직 모른다. 하여 이번 봄에 누가 제일 먼저 봄소식을 전할까 내심 기다리던 중인데 첫 번째 주자가 꼴이 영 아니다. 그래도 용케 살아난 것이 기특할 뿐이다. 그러고는 다른 곳에 눈길을 돌리고 그의 시난고난에는 별 관심이 없었다.

그가 상처를 보듬고 있는 동안 나의 시선은 녹두 빛 매화 봉오리에 머물렀다. 아침 서리에 봄까치꽃이 화들짝 놀라고 양지바른 곳에서는 별꽃도 점점이 눈에 띈다. 오며 가며 내가 밟은 꽃씨들은 또 얼마나 절망했을까. 이것들에 사죄하듯 허리를 낮추고 고개를 숙여 겨우 그들과 눈을 맞춘다.

밤사이 얼었던 대지에 햇살이 스미고 출산의 고통을 마친 생명체의 숨소리로 마당이 술렁인다. 돌계단 아래 그 녀석도 어느새 진초록 긴 잎사귀를 무더기로 올리기 시작했다. 내게 밟혔던 자국도 사라지고 새살이 돋는다. 낯이 익다.

아, 너였구나, 수선화.

누렇게 뜬 이파리는 어느새 생기를 찾고 꽃대를 쭉쭉 올리더니 황소바람에도 건들건들 봉오리를 터뜨렸다. 춘분을 앞두고 매화나무도 이제 겨우 벙글었는데. 한 송이, 두 송이…, 어느새 셀 수 없이 많은 꽃들이 노랑노랑 하며 머리채를 살랑댄다. 접시처럼 펼쳐진 다섯 장의 연노랑 꽃잎과 가운데 진노랑 잔 모양 꽃잎이 볕을 받아 투명하다. 날갯죽지를 뒤로 젖힌 채 작은 몸을 앞으로 쑥 빼고 어미를 찾아 달려가는 병아리 같다. 그 모습이 낫낫하면서도 당차 보인다.

추운 겨울을 이겨내고 누구보다 먼저 당당히 꽃을 피워냈으니 수줍어할 줄 모른다고 누가 탓하랴. 겸손하지 않다고 누가 나무라랴. 자신을 낮추기는커녕 처음 꽃대가 올라올 때보다 고개를 더 들었다. 이 당당함이란…. 연못을 들여다보는 나르시스의 모습도 이랬을까? 나르시스가 스스로 반할 만도 하겠다. 내게도 그런 수선화 같은 친구가 있다.

낯을 가리지 않는 그는 첫 만남에서부터 누구에게든 적극적이다. 서먹함도 농으로 풀어가는 그녀 주변엔 늘 웃음이 그치질 않는다. 기독교인인 그녀는 우연히 찾은 절에서도 스님을 도와 법당 청소를 할 만큼 서글서글하다. 식당에서도 반찬이 모자라면 다들 쭈뼛쭈뼛하는 사이 선뜻 나서서 더 줄 것을 당당히 요구한다. 자신의 장점을 스스럼없이 얘기할 만큼 솔직하고 남이 일러주는 단점도 바로 수긍하며 받아들인다. 그런 시원시원한 모습을 사람들은 좋아하면서도 뒤에서는 잘난 척을 하느니 자기 자랑을 하느니 하면서 수군대곤 한다.

어려서부터 그녀는 장사하느라 바쁜 어머니 밑에서 무엇이든 스스로 해결하며 자라야 했다. 마음 기댈 형제도 없이 외로웠다. 평생 봄이 오지 않을 것 같던 겨울 같은 세월을 당연한 듯 여기며 살아왔다. 그의 적극적인 성격은 아마도 들풀처럼 강인하게 살아온 힘든 역경 속에서 얻은 소산이지 싶다.

애면글면 살아온 지난날의 자신이 스스로 대견하다. 그녀에게 봄 같은 오늘은 덤이다. 행복은 불행을 겪고 나서야 찾아오듯이 그녀가 그랬다. 그래서인지 그녀는 늘 즐겁고 당당하다. 역경을 딛고 일어섰다는 사실을 인정받고 싶은데 사람들의 시선은 늘 지금의 모습에만 머문다.

사람은 누구에게나 인정욕구가 있다. 다른 사람과의 관계 속에서 어떤 모습으로든 인정받지 못한다면 삶에 의미를 느끼지 못하는 것은 당연하다. 크게든 작게든 누구에게라도 인정받을 때 살아가는 힘을 얻는다.

에코는 나르시스를 사랑했지만, 나르시스 자신도 원하던 사랑을 얻지는 못했다. 님프들의 사랑을 외면했기에 그가 도도했던 것이 아니라, 그의 인정욕구를 채워준 님프가 없었던 것은 아닐는지. 수선화는 홀로 엄동설한 언 땅에서 서둘러 촉을 끌어올리는 고통을 감내해야 했다. 끝내 수선화가 꽃을 피워내면 그 아름다움에만 탄복할 뿐 아픈 과정에는 별로 관심을 두지 않는다.

어쩌면 나르시스는 지독히도 외로웠는지 모른다. 남이 알지 못하는 그만의 고통이 있었을 것이고 그래서 더욱 당찬 모습으로 피어났을 것이다. 그는 현재의 모습이 아니라 아픔까지 사랑해줄 님프를 기다렸던 것은 아닐까.

자기 자신을 사랑할 수밖에 없었던 나르시스. 그의 화려한 모습 뒤에 감추어진 외로움이 봄바람에 일렁인다. 아무도 모르게.

가시를 빼다

따끔했다. 어느 한순간에 느꼈던, 벌레에 쏘인 것인지 가시에 찔린 것인지. 그러곤 나의 호미질은 계속되었다. 무심히 지나친 사소한 통증이 며칠 동안 나를 성가시게 했지만 이유를 모른 채 며칠이 지났다. 오늘은 참을 수 없어 유심히 들여다보니 까만 점이 박힌 것으로 보아 가시임에 틀림없다. 너무 작아서 눈에 보일락말락 하는 것을 빼낸다는 것이 엄두가 나지 않는다. 병원엘 갈까? 이까짓 걸 가지고? 손가락을 스칠 때마다 느끼는 따끔함을 더는 참을 수가 없다. 내 기어이 결단을 내리라. 바늘을 꺼냈다.

상처 난 데 바르는 연고를 바르고 바늘을 댔다. 바늘이 가시보다 더 아프다. 가시 주변을 상처를 내서 가시가 나오게 해야 하는데 마음은 독하게 먹지만 바늘은 마음을 따르지 않는다. 몇 번 시도하다 바늘을 놓고 가시 주변을 꾸욱 눌렀다. 연고를 바른 덕분인지 가시가 쑤욱 올라왔다. 신기했다. 믿어지지 않을 만큼 나의 통증은 완전히 사라졌다. 불과 1mm도 되지 않아 손에 잡히지도 않는 자그마한 가시가 그동안 나를 괴롭혀왔다고 생각하니 어이가 없다.

사실 나를 힘들게 하고 괴롭히는 것은 대단한 것이 아니었다. 운전할 때도 커다란 바위가 가로막고 있으면 치우든 돌아서 가든 하면 된다. 나의 발목을 잡는 것은 바위가 아니라 바퀴에 박힌 작은 못이 아니던가.

별로 신경쓰지 않았던 사람한테서 호되게 애를 먹은 적이 있다. 그를 특별히 크게 생각하거나 작게 생각해 본 적이 없다. 그냥 나와 같은 공간에서 같은 생각을 갖고 있는 사람이라 여겨왔다. 때로는 어떤 동지의식 같은 것도 느꼈다. 하지만 그쪽은 그렇지가 않았던 모양이다. 이유는 없었다. '그냥'이란다. 그러니 내 어쩌란 말인가.

내게 어떤 문제가 있을까 생각해 보고 답이 없으면 내가 모르는 문제가 있을지도 모른다고 생각했다. 내가 모르는 문제가 과연 무얼까? 애초에 욕심이 없으니 누굴 밟고 일어서려는 마음도 없고, 누구보다 잘해야 한다는 의식도 없는 허릅숭이에게서 그는 무엇을 보았을까?

많은 생각 끝에 이것은 그의 문제이지 나의 문제가 아니란 결론을 내렸다. 나에 대해 어떻게 생각하고 어떤 판단을 내리든 그건 상대의 소관이지 내가 관여할 문제는 아니라고 생각하기로 했다.

그는 내게 가시였다. 내 마음도 내게 가시였다. 전혀 예상하지 못한 곳에서 박혀온 통증이었다. 평소엔 무심히 지나치다가도 문득문득 생각나 나를 괴롭히던 가시의 통증. 내 오늘 드디어 가시를 빼냈다.

굽은 길을 걸으며

자동차가 덜컹 몸서리를 친다. 움푹하게 골진 배수로가 오히려 방지턱이다. 큰길에서 동네로 이어지는 곁골목으로 들어서면 구불구불한 길이 논 가를 따라 뱀처럼 기어간다. 갑자기 속도를 늦추려니 굽은 길이 익숙지 않다. 길을 만들 때 왜 처음부터 직선으로 만들지 않았을까? 발길 따라 자연스레 만들어진 길이라면 애초에 사람들은 왜 이렇게 돌고 돌아 걸어 다녔을까? 이 길은 언제쯤 굽은 허리를 펴게 될까. 개발의 기대를 얹어 이런저런 불편한 생각을 하며 새로 이사 온 집으로 향한다. 때마침 걸려온 동생 전화가 언짢은 마음을 가시어 낸다.

오랫동안 만나지 못했으니 할 말도 많았다. 끊을 듯 말 듯 한참을 통화하고 나서 이제 잘 지내라는 인사를 대여섯 번은 한 것 같다. 그러고도 문득 올케네 친정 부모님 안부가 궁금해졌다. 연세도 많으시고 시골 생활이 녹록지 않으실 텐데 그동안 너무 무심했다는 생각에 올케에게도 미안했다. 아니나 다를까 몇 번의 시술과 수술 말고도 병원을 꽤 드나드신 모양이다.

그런 줄도 모르고 올케는 우리집에 소홀하다며 서운한 생각을 갖곤 했다. 오히려 자신에 무관심한 시누이가 서운했을 텐데, 역지사지인 것을. 자주 만나지 못한 탓이리라 스스로 위안을 해보지만 그래도 무심했던 것을 부인할 수는 없다. 미안했다. 정말 미안했다. 하마터면 불화의 씨앗을 틔울 뻔했다.

요즘 들어 내남없이 대인관계가 매끄럽지 못해 혼란을 겪는 주변 사람들을 많이 본다. 어쩌다 전화 통화를 하면서 안부를 물어보면 그동안 쌓아 놓았던 스트레스를 푸느라 시간 가는 줄을 모른다. 내 속을 풀려다 되레 나는 입도 벙긋할 수 없을 정도다. 예전에는 이 정도는 아니었는데 다들 왜 이럴까 안타깝다.

책을 읽다가 맹자의 곡속장殼觫章에서 이양역지以羊易之라는 말을 알게 되었다. 제나라 때 사람들이 흔종釁鍾(종을 주조할 때 살아있는 소의 피를 종에 바르는 의식)하러 가는 모습을 선왕이 보고 '소가 아닌 양으로 바꾸라'라고 한 데에서 나온 말이다. 소는 안 되고 양은 된다니, 소나 양이나 모두 귀한 생명체이거늘. 신영복은 선왕의 이 말을 '관계'로 해석한다. 양은 눈앞에 보이지 않지만, 소는 바로 앞에 있으니 왕방울만 한 두 눈에 그렁그렁 맺힌 슬픔을 선왕이 보았기에 한 말이라는 것이다. 소는 보았고 양은 직접 보지 못한 차이다. 이는 곧 가까이 있는 사람과 그렇지 않은 사람의 관계 차이다.

관계는 소통이다. 소통이 없으면 관계는 무너진다. 늘 함께하는 사람과는 눈빛만 보고도 마음을 헤아린다. 많은 말이 필요 없다. 직선적인 말보다 우회적으로 하는 말에서도 상대의 마음을 척척 읽는다. 실수가 있더라도 우스개로 넘기는 여유가 있다. 주고받는 농담 속에 서운한 일도 웃음꽃으로 피워낸다.

잠시 스치고 지나는 인연이라면 이해나 배려, 용서보다 무관심이 우선한다. 친한 사이라도 자주 만나지 못하면 버슷해지기 십상이다. 그러고도 오해라는 놈은 어디에든 도사리고 있다. 사회적 거리두기가 관계의 거리두기를 만들었다. 하루가 멀다고 만나던 옴살도 요즘은 점점 소원해지는 느낌이다. 새로운 사람을 만나 친분을 쌓아가기는 더욱 어려워진 것 같다. 모임에 나가도 풋낯이 많다. 어떻게 해야 하나.

3차 산업혁명 시대에 이미 초고속이 이루어졌다. 4차산업혁명 시대에 이른 지금, 느긋하게 마음을 열 여유가 없다. 실제와 가상이 통합되는 시대가 아니던가. 자주 만나지 못해 SMS로 간단히 소통하는 것이 자연스러워진 요즘이다. 말의 톤이나 억양을 들을 수 없으니 상대방의 마음을 읽을 수가 없다. 표정도 살필 수 없다. 서로의 마음을 헤아려가며 소통하기에는 여유가 없다. 말도 지름길을 택해야 한다. '아' 다르고 '어' 다른 우리말을 뚝 잘라 최대한 줄여서 쓴다. 번지르르한 의례적인 표현에만 점점 익숙해져 가고 있으니 진짜 마음은 뒷전이다. 내 멋대로 해석하다 오해의 씨앗을 심는다. 일일이 해명하기에는 발그림자가 아쉽다.

집으로 돌아와 쓰레기를 버리기 위해 구불구불한 길을 다시 내려온다. 달빛에 하얀 길 위로 가로등 불빛이 내려앉는다. 자동차로 지날 때와는 전혀 다른 느낌이다. 이런 길을 걸어본 것이 언제였던가. 천천히 걸으면서 느림의 미학을 생각한다. 이제 삶의 속도를 늦춰보면 어떨까. 마음이 느긋하니 한올지게 지내던 사람들이 떠오른다. 급하지 않아 참 좋다. 휙휙 건성으로 스쳐 지나가는 관계가 아니라 걸음마다 마음을 담은 인정어린 관계를 떠올린다. 달빛은 내 등을 떠밀지 않는다. 이 길의 주인은 자동차가 아니라 자분자분한 발걸음이라고 일러준다.

굽은 길은 느림이다. 느림은 여유다. 여유는 굽은 곡선처럼 관계를 부드럽게 한다. 이 길은 천천히 생각하며 걷던 옛사람들의 발걸음이 낸 길이었구나. 탁배기 한 사발 걸치고 자반 한 손 흔들거리며 유유자적 걸었으리라. 지름길을 내지 않은 데에는 다 이유가 있었던 것을. 굽은 길이 바로 지혜였던 것을.

날마다 천국

　눈도 떼어내고 살점도 떼어냈다. 허우룩한 몸뚱이에 음산한 기운마저 돈다. 알몸을 드러내니 햇덧에 더욱 을씨년스럽다. 이사 갈 집을 수리하는 중이다. 누더기가 된 집이 그나마 품위를 잃지 않는 것은 전 주인이 잘 가꾸어 놓은 잔디 정원과 보랏빛 아스타 무리, 돌계단 바로 옆 국화 한 무더기 덕분이다.
　열여섯 여자아이의 젖꼭지처럼 봉긋한 국화 봉오리에 가을볕이 내려앉고, 이제 막 손가락을 펴기 시작한 꽃에는 벌들이 몰려와 간지럼을 태운다. 꽃봉오리도, 이미 핀 꽃도 어느 것 하나 예쁘지 않은 것이 없다. 저들끼리 잘나고 모자람을 시샘하지 않는다. 인간처럼 서로 비교하고 시기 질투를 했더라면 아마 생채기가 난 꽃도 있으련만 모두가 한결같다.

돌계단 아래 이름 모를 꽃이 눈에 띈다. 분명 잡초다. 제자리가 아닌 곳에서 철 지난 꽃을 피운 것도 그렇고 주변과 어울리지 않는 꽃대가 하나밖에 없는 것으로 보아 잡초가 틀림없다. 눈에 거슬릴 법도 하건만 나도 모르게 그 앞에서 무릎을 꿇는다. 어찌 그리 당당할 수 있을까. 차마 뽑아낼 엄두를 내지 못한다. 파란 잔디와 보랏빛 아스타, 바로 옆 노란 국화의 화려함에도 굴하지 않고 파리한 꽃대를 피워올렸다. 아니 이미 이 세상을 하직했어야 마땅하지 않은가. 어쩌다 여기까지 씨앗이 날아와 주인이 이사하느라 분주한 사이를 틈타 때늦은 제 삶을 영위할까. 하긴 주인이 있었다 한들 누구의 눈치를 보았을 리도 만무하지만 말이다.

엊저녁 몰아닥친 때 이른 추위를 용케도 잘 견뎌냈으니 사기가 충천한 모양이다. 누가 뭐라고 하거나 말거나 옆에 있는 화려한 국화에 주눅 들지도 않고 꼿꼿이 서서 '나 여기 있소.' 하고 자신의 존재를 나타낼 뿐이다. 남을 의식하지 않으니 존재감이 더 드러난다. 당당함이 아름답다.

질레지우스의 말대로 '장미는 그 자신에도 관심이 없고 사람들이 자신을 보는지도 묻지 않는다'고 하더니 국화도 아스타도 잡초꽃도 그렇다. 진정으로 아름다움을 간직한 것들은 모두 그런가 보다. 왜 피었는지 이유나 목적이 없다.

내가 초라하다고 느낄 때 나는 잡초꽃처럼 당당하지 못했다. 누구보다 돋보이고 싶은 적도 있었을 것이다. 초라하다고 생각하든, 돋보이고 싶든 모두가 타인을 의식하고 있다는 증거다. 인간이 아무리 사회적 동물이라고 하지만 누구나 각자의 본질을 갖게 마련인 것을 자신의 본질을 망각하고 타인과 비교하면서 가슴 아파하고 안달하며 살진 않았는지 가슴이 뜨끔하다.

'타인의 시선은 곧 나의 지옥'이라는 사실을 사르트르는 이미 알고 있었다. 말 없는 국화나 이름 모를 잡초꽃이 부럽다. 아니 절로 고개가 숙어진다. 서로 비교하고 시샘하는 시선이 없으니 그들에게 지옥이란 있을 수 없다. 그들의 삶이란 얼마나 경건한 것인지. 모양이나 색깔 때문에 꽃이 예쁜 것이 아니라 늘 그 자리에서 그렇게 제 갈 길을 묵묵히 살아내고 있어 아름답다. 타인의 시선에도 아랑곳하지 않는 그들에게 세상은 날마다 천국이다.

시골쥐 서울쥐

 수확을 끝낸 가을 들판은 파리하니 야위어가고 있었다. 풍요를 품었던 대지도 이제 휴식에 들어갈 참이다. 고추밭에는 아직 거두지 않은 고춧대가 마른 할아비처럼 간신히 찬 바람을 버텨내고 있다. 늦둥이 고추는 제대로 자라지도 못하면서 멈춤을 모르는 듯하다.
 농사를 짓는 지인을 만났다. 주섬주섬 지고추를 따더니 한 자루나 안겨준다. 삭혀서 먹기도 하고 밀가루를 묻혀 쪄서 말리거나 양념장에 무쳐 먹으란다. 그래도 남으면 이웃과 나누어 먹으란다. 넉넉한 그의 마음이 고스란히 전해온다. "그만 주세요. 나도 집에 많이 있어요." 하자 그가 겸연쩍은 웃음을 짓는다. 나도 모르게 튀어나온 말에 아차 싶었다.

전에도 아파트에 살면서 잠시 텃밭을 일군 적이 있다. 상추며 호박, 배추, 부추 등등 밭에만 가면 마트가 따로 없다. 하루하루 변해가는 모습도 대견하려니와 여전히 대지의 숨결을 고스란히 머금고 있는 채소를 바로 먹을 수 있다는 생각에 혼자 먹기 아까워 지인들에게 연락했다. 탐이 날 정도로 싱싱한 그 맛을 어서 빨리 맛뵈고 싶은 마음이 앞섰다. 내 마음을 아는 듯 반기며 고맙게 받아주는 사람이 있는가 하면 어떤 이는 "나도 있는데…" 한다거나 "에이~ 그거 요즘 마트에 가면 세일하는데 뭘 힘들게 갖고 와요?" 하는 사람도 있다. 심지어 몇 푼어치 되지도 않는 것을 받아먹고 나중에 갚으려면 배보다 배꼽이 더 크다며 부담스러워하는 이도 있었다. 무엇이든 돈으로 환산하는 서울쥐가 엇셈을 모르는 시골쥐의 마음을 어찌 알랴.

한번은 김장용 항암 배추를 심었는데 배추가 실하게 잘 영글고 푸른 잎사귀가 너무도 싱그러워 바라만 봐도 흐뭇하고 대견했다. 자랑하고 싶은 마음도 그러려니와 맛 좋고 싱싱한 배추를 누구에게라도 나누고 싶었다. 반응은 의외였다. 배추가 아무리 좋아도 일일이 씻어서 절이기가 힘드니 절임배추를 사겠단다. 맞는 말이긴 하다. 나눔이라는 것도 바쁜 도시 사람에게는 오히려 일거리를 만들어 주는 셈이다. 게다가 시골 인심은 손이 크다. 한 주먹이면 될 것도 한 자루씩 건넨다.

이웃과 나누어 먹으라지만 그 많은 이웃을 두고도 왕래하는 이웃이 드문 도시인에게는 난감하기 짝이 없는 노릇이다. 그렇다고 여기저기 차로 실어날라 나누어줄 만큼 한가롭지도 못하다. 시골쥐가 서울쥐의 마음을 어찌 알까.

언젠가는 생각다 못해 부추를 베어다가 봉지봉지 담아서 엘리베이터 안에 갖다 놓았다. '직접 농사지은 무공해 무농약 부추입니다. 필요하신 분은 가져가세요.'라고 써 붙였더니 30분도 안 돼서 모두 사라졌다.

흙을 만지는 농심은 대가 없는, 그냥 나눔이다. 수확의 기쁨을 어찌 돈으로 환산할까. 내 손으로 지은 알곡을 보고 함께 기뻐해 줄 사람이면 족하다. 선생님께 칭찬받고 싶은 아이의 그 마음이다.

겨울이 코앞이다. 이미 지고추는 다 준비되었고 이제 김장을 해야 하는데 형편상 절임배추를 주문해야 하는 나는 시골쥐인가 서울쥐인가?

4부

염원을 담다

환희산에 안기다

소리의 비밀을 찾아

오창 양지리에 가면

비로자나불의 숨결

세 여자 그리고 바람

망각의 미소

향기 나는 굴뚝

염원을 담다
- 통일대탑 보탑사 삼층 목탑

 목탑은 분명 꽃술이었다. 연곡리 보련산을 나지막이 둘러싼 산봉우리가 연꽃잎이라면 목탑은 크지도 작지도 않은 꽃술임에 틀림없다.
 연꽃 피는 계절에 보탑사에 갔다. 보련골 계곡을 따라 이미 여름이 짙어간다. 전에 있던 연꽃밭을 찾았으나 잡풀만 무성해 못내 아쉬웠다. 보탑사를 둘러싼 보련산 능선이 어우러져 연꽃 형상을 하고 있으니 나는 이미 연꽃 안에 들어와 있지 않은가.
 충북 진천군 연곡리 보련산 자락에 있는 보탑사는 한때 사진에 빠져있을 때 카메라를 둘러메고 철마다 찾던 사찰이다.

1996년에 창건하여 역사가 깊지는 않다. 고려시대 석탑 부재들을 모아 세운 삼층석탑으로 보아 이미 절터였음을 짐작케 한다. 다른 사찰처럼 고색창연한 모습은 아니지만 이른 봄부터 진사들은 물론 상춘객이 몰려든다. 비구니 스님들이 정성스레 가꾸어 놓은 야생화를 보러 많은 사람이 찾는 곳이기도 하다.

입구에 수령이 300년을 훌쩍 넘긴 아름드리 느티나무 아래서 한 부부가 정담을 나누고 있다. 지나온 세월만큼 구불구불 휘어진 가지 사이로 하늘을 뒤덮은 초록 잎새가 바람에 파르르 떤다. 그 모습이 마치 부처님의 자비를 그 부부에게 흩뿌리기라도 하는 듯하다.

일주문은 따로 없다. 커다란 귀에 눈을 부릅뜬 사천왕상이 호통을 치는 듯하여 내 안의 삿된 기운이 다 사위어버린다. 사천왕상을 지나 계단을 오르면 바로 정면에 삼층 목탑이 한눈에 들어온다. 목탑 아래 꽃밭에는 정성스레 가꾼 부처꽃, 털중나리, 백일홍…. 친숙한 꽃들이 먼저 반긴다. 참나리는 무슨 염원을 담아 목을 길게 빼고 서 있는 것일까. 꽃잎은 쪽진 머리처럼 뒤로 젖혀 동그랗게 말리고 꽃술은 기도하는 여인의 긴 속눈썹 같다. 스님의 염불 소리가 경내에 울려 퍼진다. 나도 모르게 합장을 하고 삼배를 올린다.

신발을 벗고 안으로 들어갔다. 보탑사는 3층 목탑으로 1층 큰 법당은 사면불전이다. 2층에는 법보전, 3층에는 미륵전이 함께 있어 더욱 장대하게 느껴진다. 목탑은 밖에서 보면 사각이지만 안에서는 원통처럼 하나로 통한다. 아파트 14층 정도의 높이에 쇠못을 전혀 박지 않고 목재를 끼워 맞춰 지었다는데 그 기술이 놀랍다. 게다가 안에서 3층까지 직접 올라가 볼 수도 있다.

1층은 부처님의 뜻이 사방으로 퍼지라는 뜻으로 사방불을 모셨다. 지금 스님이 앉아 계신 곳은 아미타여래가 중앙에 본존불로 모셔져 있고 협시불로 관세음보살과 대세지보살이 좌우에 자리하고 있다. 동서남북에 약사여래, 아미타여래, 석가여래, 비로자나불과 각각의 협시불을 양쪽에 모셨다. 부처님의 자비가 내게도 한 자락 닿기를 소망하며 탑돌이 하듯 손을 모으고 한 바퀴 돌았다. 약사우리광불 앞에서는 요즘 점점 나약해지는 체력이 나이 때문이라면 어쩔 수 없지만 크게 아프지 않게 해달라고 빌었다. 소박한 마음을 전하고 나니 왠지 든든하다.

동서남북 사방불을 모셨으니 부처님의 가르침이 사방으로 퍼져 그 자비와 은혜가 모두 하나로 모아지리라. 부처님의 진신사리를 모신 심주心柱 둘레에는 999개의 간절한 발원이 담긴 원탑이 모셔져 있는 것도 그런 의미가 아닐까.

한쪽에 계단이 있어 올라가 보았다. 2층 법보전에는 윤장대

세 곳에 팔만대장경을 봉안했다고 한다. 원통형으로 된 윤장대는 경전을 넣은 책장이라고나 할까? 한 번 돌릴 때마다 경전을 읽는 것과 같은 공덕을 쌓는다고 한다. 손으로 돌리면 돌아간다고 하는데 내 힘으로는 꿈쩍도 하지 않는다. 아마 불심이 부족해서 그런 모양이다. '게으른 자여 성불을 원하는가'라고 했던 어느 사찰에서의 표석 글귀가 나를 부끄럽게 했던 일이 생각난다. 그래, 내가 뿌린 만큼 거두는 거지 더 바라면 욕심 아니겠는가.

2층과 3층 사이 암층에는 인도, 중국, 일본, 우리나라 목탑의 연원을 알 수 있도록 여러 종류의 탑을 사진으로 전시해 놓았다. 보탑사 3층 목탑은 신라시대 황룡사 9층 목탑을 이어받았다 한다. 목탑은 석탑과 달리 안으로 직접 들어가 볼 수 있는데 속리산 법주사에 있는 팔상전도 목탑이지만 위층까지 올라갈 수는 없었다. 보탑사는 우리나라에서 유일하게 계단을 통해 3층까지 올라갈 수 있는 목탑이다. 황룡사 목탑이 삼한일통을 염원하여 지었다면 보탑사는 남북통일의 염원을 담아 지은 통일대탑이란 말에 그 의미가 새롭게 다가왔다.

밖에서 보면 각 층마다 사방이 불전인 보탑이 안에서 하나로 통해 있는 것은, 부처님의 말씀이 사방천지 울려 퍼져 한목소리로 통일을 염원하는 것이 아닐까. 고개가 절로 숙어진다.

통일이 어디 남북통일만 있겠는가. 초고속으로 발달하는

문명의 이기로 세대 간의 격차가 점점 심해지고 있다. 어른은 자칫하면 꼰대로 치부되기 쉬우니 옳은 말 하기도 조심스럽다. 이제 아이들은 어른에게서 배우는 것이 아니라 인터넷에서 배운다. 노인이 소외되는 세상보다 어른, 아이 모두가 함께 어우러지는 세상이 아쉽다. 세대 간 갈등뿐 아니라 남녀 간 갈등도 심상치 않다. 언제부턴가 양성평등을 부르짖고 있지만, 겉으로는 나아지는 듯 보여도 속내까지 평등을 인정하기는 아직 요원한 것 같다. 평등의 잣대가 서로 통일되지 않은 바에야 양성평등도 공염불이 되지 않을는지. 게다가 지역 간의 갈등, 좌파와 우파, 흙수저와 금수저…. 우리가 하나로 뜻을 모아야 할 곳이 참 많기도 하다. 그야말로 국민대통합이 이루어지기를 부처님 앞에 발원해 본다.

3층으로 올랐다. 미륵전이다. 화려한 금동보개 아래에 미륵삼존불을 모셨다. 신도 셋이 가부좌를 틀고 앉아 기도 삼매 중이다. 무엇을 발원하는 것일까. 분위기에 압도되어 나도 따라 미륵불의 용화세계를 감히 넘실거려보지만 가당키나 한가 말이다.

미륵불은 석가모니 부처님이 열반에 든 후 56억 7천만 년이 지나면 이 사바세계로 돌아온다는 부처님이다. 감히 헤아릴 수도 없는 먼 미래지만 우리에게 미륵불은 그야말로 희망이라는 믿음을 준다. 땅은 유리와 같이 깨끗하고 평평하며 꽃과 향기로 뒤덮인 세계, 지혜와 위덕을 갖추고 안온한 기쁨으로 가득 차 8만 4천 살이 되도록 살 수 있다니 더 무엇을 바라겠는가.

지금의 나를 돌아본다. 미륵 세계에 도달할 때까지 티끌만치의 죄업도 모두 씻어내라고 그 긴 세월이 주어진 걸까? 용화세계로 가는 길이 쉽지만은 않을 터, 나는 지금 어디까지 와 있는 것일까. 어쩌면 수억 년 전부터 나의 존재가 이어져 왔는지도 모르겠다. 물리적인 존재는 남아있지 않지만 나도 모르는 영혼의 존재가 지금의 나를 있게 했는지도…. 그렇다면 지금도 나는 용화세계를 향해 뚜벅뚜벅 걸어가고 있는 중인지도 모르겠다.

정숙한 미륵전을 내려오는데 계단에서 유난히 삐걱 소리를 낸다. 그동안 삿된 마음으로 살아왔음을 꾸짖는 소리 같다. 이제라도 죄악의 씨앗을 없애고 업장과 번뇌로부터 벗어나 여여하게 살 수 있기를…. 내려오는 발걸음이 조심스럽다.

목탑을 한 번 더 돌며 영산각에서 부처님의 설법을 듣는 중생들을 만난다. 불유각佛乳閣에서 목을 축이고 지장각을 지나니 반가사유상이 보탑을 향해 앉아 은은하게 미소짓는다. 그 미소가 어떤 의미일까? 사방으로 울려 퍼지는 부처님의 말씀을 따라, 공덕과 수행을 쌓아 세상 모두가 하나 되어 극락을 향한 깨달음의 경지에 다다른 것은 아닐지.

와불을 모신 적조전寂照殿 앞에서 발길을 멈춘다. 열반하시면서도 빙그레 법열을 보이사 부처님은 내게도 깨달음의 미소를 보내신다. 풍경소리가 은은하다.
　되돌아 나오는 길에 범종각과 법고각 앞에 걸음을 멈추었다. 둥둥둥… 어디선가 하늘의 소리가 보련산에 닿은 듯하다. 눈을 감지 않는 나무 물고기는 어느 바다에서 이곳 보탑사까지 올라왔을까. 바다가 산이고 산이 바다라는 깨달음을 전하려는 것일까. 한갓 미물에 울고 웃고 너와 나를 경계 지으며 미세한 차이에도 핏대를 세웠다. 목어와 눈을 맞춘다. 복잡한 세상도 알고 보면 하나일 터인데.
　땅에 닿을락 말락 범종이 용두 아래 묵직하다, 하대 크기만큼 움푹 파인 홈에 시기와 질투, 욕심, 이념 대립…. 중생의 번뇌를 모두 모아 맥놀이로 거듭나니 이는 땅의 소리다. 법고에서 울리는 하늘의 소리와 범종이 품은 땅의 소리가 한데 어우러져 우주 만물이 결국 하나라는 부처님의 말씀을 온 세상에 전하는가. 남북으로 갈린 이념을 하나로 모으고자 했던 보탑사 창건의 의미를 다시금 생각하며 천왕문을 나선다.

환희산에 안기다
– 정송강사

    그가 누워있는 곳은 그리 멀지 않았다. 산그늘마저 열기를 걸러내지 못할 만큼 푹푹 찌는 더위만 아니라면 단숨에 올라가도 좋으련만, 족자를 걸어놓듯 앞에 내걸린 오솔길을 오르자니 숨이 턱에 닿는다. 발끝을 보고 걷는데 무언가가 눈에 들어왔다. 잣방울이다. 이미 도사리가 되어버린 잣방울이 아직 싱싱한 초록빛을 머금은 채 발길 뜸한 산길에서 애처롭다. 솔방울보다 갸쭉한 몸매는 고결한 선비의 모습이요, 이미 끝이 뾰족하게 선 잣방울 조각은 대쪽같은 그의 성품이지 싶다. 실하게 열매를 맺지 못한 채 떨어진 잣방울의 모습에서 그가 떠오른 것은 어인 일일까.

강호江湖에 병病이 깁퍼 죽림竹林에 누었더니

관동關東 팔백리八白里에 방면方面을 맛디시니

어와 성은聖恩이야 가디록 망극罔極하다

연추문延秋門 드리다라 경회남문慶會南門 바라보며

하직고 믈너나니 옥절玉節이 압패 셨다

평구역平丘驛 말을 가라 흑수黑水로 도라드니

섬강蟾江은 어듸메오 치악雉岳은 여긔로다

소양강昭陽江 나린 믈이 어드러로 든단말고

고신거국孤臣去國에 백발도 하도할샤

 국문학사상 불후의 명작이라 할 만한 관동별곡 서곡이다. 송강은 벼슬을 그만두고 은거하던 중 선조의 부름을 받고 강원도 관찰사로 부임했을 때 관동팔경의 여정과 산수풍경, 자신의 소감 등을 화려한 문체로 여지없이 나타냈다. 정철의 시향을 느껴보려 그의 생을 둘러보기로 했다.

 진천군 문백면 봉죽리에 정송강사가 있다. 환희산 품에 안긴 그곳은 산새 소리만 들릴 만큼 고즈넉하다. 주차장에 들어서면 입구에 우람한 느티나무가 그늘을 만들어 반긴다. 400년 세월이 버거웠는지 목발을 짚은 느티나무엔 수많은 잎새들이 물감을 풀어 그림을 그린 듯 음영이 선연鮮姸하다. 햇빛을 받아 하늘거리는 초록 이야기들이 마치 송강의 생을 두런두런 나누는 듯하다.

홍살문 앞 신도비에 우암 송시열은 '마음은 호수같이 맑고, 기질과 절개는 대나무같이 푸르셨다.'고 했다. 정치인으로서의 송강에 대한 기억은 극단적이라고 할 만큼 양면으로 나뉜다. 충직하고 맑으며 의로운 인물이라는 평이 있는가 하면 아량이 적고 복수심이 강하다고 하는 이도 있다. 그러니 정치무대에서 그의 행로가 원만하지 않았던 것은 당연한지 모른다.

홍살문을 들어서기 전 왼편에 몇 개의 시비가 눈에 띈다. 술을 좋아했던 송강이라는 것을 알기에 장진주사에 눈길이 머문다.

> 한 잔 먹세그려 또 한 잔 먹세그려 꽃 꺾어 세어놓고 무진무진 먹세 그려 이 몸 죽은 후면 지게 위에 거적 덮어 줄 이어 매여 가나 유소보장의 만인이 울며 가나 억새 속새 떡갈나무 백양 숲에 가기만 하면 누런 해 흰 달 가는 비 굵은 눈 소소리바람 불 때 누가 한 잔 먹자 할꼬 하물며 무덤 위에 잔나비 휘파람 불 때 뉘우친들 어찌하리

죽어서 뉘우친들 무슨 소용이냐며 마시고 또 마시고 무진무진 마시자 한다. 이토록 술을 좋아하던 송강이다. 선조가

하루에 한 잔만 마시라고 은잔을 하사했는데 송강은 한 방울이라도 더 먹으려고 그 은잔을 찌그러뜨려서 대접으로 만들었다니 그가 얼마나 술을 좋아했는지 알 만하다.

송강이야말로 시대를 초월한 진정한 사랑꾼이었다. 전라도 관찰사로 있을 때 만난 기녀 강아와의 사랑 이야기가 궁금하다. 강아는 정철이 임기를 마치고 떠난 후에 유배지까지 가서 수발을 들었는가 하면 지금도 강아의 무덤이 송강의 원래 묘소가 있던 고양시에 남아있는 것을 보면 그저 스치는 바람은 아니었던 듯하다. 어쩌면 이 술 때문에 그의 정치적 입지가 불리하도록 빌미를 주었는지도 모르겠지만 풍류를 즐길 줄 알았기에 그의 문학적 예술성이 한층 고조되지 않았을까?

홍살문을 지나 외삼문에는 그의 시호를 따서 지은 문청문 文淸門 현판이 걸려있고 왼편으로 정철 시비가 걸음을 이끈다. 송강이 50세 되던 해 동인과 서인의 당파 싸움으로 사헌부와 사간원의 논척을 받고 고향인 창평으로 돌아가 은거하던 중 지은 사미인곡이 새겨져 있다.

> 동풍이 건듯 불어 쌓인 눈을 헤쳐내니,
> 창밖에 심은 매화 두세 가지 피었구나
> 가뜩이나 냉담한데 그윽한 향은 무슨 일인고
> 황혼의 달이 쫓아 베갯머리 비치니,

느끼는 듯 반기는 듯 임이신가 아니신가
저 매화 꺾어내어 임 계신 데 보내오저
임이 너를 보고 어떻다 여기실꼬

송강은 경험에서 얻은 일상의 삶을 진솔하게 글로 담아냈다. 사미인곡은 정철이 호방한 품성을 지녔음에도 섬세하고 애절하리만큼 여성성을 보이기도 한다. 연군의 정을 마치 남편을 생이별하고 연모하는 여인의 마음으로 빗대어 자신의 충절을 고백한 가사다. 이를 두고도 지나치게 아첨한다거나 마음을 흐리게 한다는 비판을 받기도 했으니 이 또한 이념을 달리하는 반대 세력가들의 편견이 아니었을까 싶다.

정철 시비 맞은편에 팔작지붕을 한 송강기념관이 있다. 술을 좋아했던 터라 역시 옥배, 은배가 전시되어 있고 그의 친필편지와 생전의 시와 가사 작품들이 전시되어 있다. 아들에게 보낸 친필편지에는 무뚝뚝한 듯하면서도 자상한 아버지의 정이 엿보이기도 한다.

충의문忠義門을 지나 사당으로 올라선다. 목조 맞배지붕 아래 송강사松江祠 현판이 걸렸다. 슬쩍 비껴 열린 문으로 들여다보니 엄한 듯 선한 눈매의 송강 초상화가 나를 맞는다. 그보다 몇 년을 더 살고 있지만 유야무야有耶無耶하게 지내는 내게 뭐라 전할 말이라도 있는 듯하다.

명종 때 사헌부 지평으로 재직할 당시 명종의 사촌 형인 경양군의 죄를 집행해야 했다. 명종이 관대하게 용서하라고 사사로이 부탁하였으나 송강은 상감의 뜻을 거스른다. 더구나 명종과는 어려서부터 동궁에 드나들며 함께 거처도 하고 놀기도 할 만큼 가까이 지내던 사이가 아니던가. 이 일로 오랫동안 벼슬자리에 오르지 못하기도 한 것을 보면 그의 성품이 얼마나 대쪽같았는지 알 만하다.

 그의 강직한 성품에도 불구하고 유달리 술과 여자를 좋아했기에 그것이 빌미가 되어 동인들로부터 숱한 화살을 받기도 했다. 하지만 그의 품성은 언제나 활활 타오르는 장작불과 같았다. 정사政事는 정사대로 개인사個人事는 개인사대로 열정적인 삶을 살았던 그다. 관직의 자리에서는 치열하게, 문학을 할 때는 섬세하게, 술을 마실 때는 호탕했으니 시대의 엘리트이자 풍류인이 아니었겠는가.

 환희산 품에 안긴 사당을 뒤로 하고 남쪽을 바라보니 곁에서는 흐르는 물소리가 계곡을 가르고, 저 멀리 좌청룡 우백호 형상의 능선이 수묵화처럼 펼쳐졌다. 아무런 연고가 없는 진천 땅에 송시열이 송강의 묘소를 이장하고 신도비를 세운 이유를 알 만하다.

 물고기가 숨어있는 지형이란 뜻을 가진 어은골에 송강의 묘소가 있다. 정송강사 입구에서 300m쯤 떨어졌다. 그의 묘소로 향하다 도사리가 되어버린 잣방울에서 송강이 떠오른 것은 그의 생에 대한 아쉬움 때문이었다. 대나무같이 푸르렀던 그의 기질과 절개에도 불구하고 결국은 명나라에 사은사로 다녀온 후 도중 하차할 수밖에 없었다. 탄핵, 파직, 귀양…. 정철에게는 평생 익숙한 말들이다. 관직에 몸을 담고 굴곡진 삶을 살다 후세에까지 입방아에 오를 만큼 말도 많고 탈도 많았다. 그의 성품이 어땠는지는 그렇다 하더라도 개성이 강하고 타고난 기질에 충실하여 자신이 추구하는 삶에 의미와 가치를 부여하려는 의욕적인 인물이라면 오히려 본받아 마땅하다.

현대를 살아가는 지금, 과거의 인물과 대화하기란 쉽지 않다. 다만, 문학을 하는 한 사람으로서 송강의 국문학사적 가치를 인정하고 기억해야 하는 것이 우리가 해야 할 일이 아닌가 싶다. 한문으로 된 글을 높이 사던 시대에 우리말을 차원 높은 예술 언어로 많은 이들에게 감동을 안겨 주었다. 요즘 한글이 세계적으로 주목을 받고 있다. 더 나아가 정철 같은 문인의 후예로서 우리의 문학도 세계무대로 성큼 올라서길 바라본다. 환희산에서 흘러온 한 줄기 바람이 어은골에 스민다. 소나무(松)의 절개가 강물(江) 되어 흐르듯이.

소리의 비밀을 찾아
- 진천 종박물관에서

울리지 않는 종은 종이 아니다.
불리지 않는 노래는 노래가 아니다.
표현하지 않는 사랑은 사랑이 아니다.

시인 하만스타인Hamanstenin의 이 말이 나를 밖으로 끌어냈다. 며칠을 꼼짝 않고 집에만 틀어박혀 있으니 답답하기도 하건만 그렇다고 막상 나서려면 이런저런 핑계가 발목을 잡는다. 갑자기 추워진 날씨가 그랬고 딱히 갈 곳이 없기도 했다. 내게도 마음을 울려주는 종소리가 필요하다고 느끼고 있던 참이었다. 날씨도 꾸물꾸물하니 밖으로 나다니기는 그렇고 실내면 좋겠다 싶었다. 진천을 오가면서 이정표만 보았던 '종박물관'이 생각난 것은 순전히 하만스타인 덕분이다. 집을 나서기를 잘했다고 응원이라도 하듯 구름이 서서히 밀려나더니 햇살이 어깨에 내려앉는다. 어제 내린 눈으로 젖은 땅은 은빛 융단을 깔아주었다.

진천이 낳은 민족문학 시인 포석 조명희의 생가터가 있는 벽암 사거리를 지나 백곡저수지 방향으로 들어섰다. 저 멀리 저수지 제방이 보이고 박물관 입구에는 맞은편 공원으로 이어지는 출렁다리의 붉은 줄이 눈길을 끈다. 가을을 밀어낸 자리에 퇴색한 잡초와도 조화롭다.

어떤 환란도 모두 받아줄 듯 구불구불 휘어진 소나무 저편에 종각이 보인다. 생거진천대종각이다. 마침 직접 타종을 체험할 수 있어 두 손으로 줄을 잡고 소망 하나 담아 당목을 조심스레 밀어보았다. 생각보다 웅장한 소리가 울창한 솔숲으로 사라지는가 싶더니 솔바람을 실어온다. 머릿속까지 닿은 공명에 취하여 순간 움직일 수가 없었다.

박물관으로 들어가는 진입로 바닥에 진천이 낳은 인물들이 양옆으로 줄지어 방문객을 맞는다. 신라 김유신은 물론 송강 정철, 포석 조명희, 조선 문인이자 화가 강세황, 항일독립운동가 이상설…. 과연 넓지 않은 진천 땅에 참 많은 위인들이 있었다는 사실이 새로웠다.

무슨 소망을 담았을까? 작은 어깨를 맞대고 오종종 매달린 종들이 모여 커다란 종 모형을 만들었다. 건강, 합격, 취업, 사랑…. 모든 이들의 기원이 이루어지길 빌며 나도 소망 한 자락을 얹는다.

박물관으로 들어섰다. 국보 제29호인 성덕대왕신종 모형이 옥색 치마를 입은 여인처럼 신비로운 자태로 서 있다. 어릴 적 엄마, 아빠를 따라 종종 영화를 보러 가곤 했다. 영화를 이해하지 못하던 때라 광고만 끝나면 곧 잠이 들곤 했다. 그런데 나를 잠재우지 못한 영화가 있었다. 에밀레종. 영화 제목은 정확히 기억나지 않지만 음산한 어둠 속에서 펄펄 끓는 쇳물과 스님들의 긴장된 표정, 아기 엄마의 애타는 눈물은 아직도 생생하다. 대여섯 살 정도였음에도 너무 슬퍼서 울먹울먹 흐느꼈던 기억이 난다. 에밀레종의 전설은 전설일 뿐 천장에서는 쇳물 주조과정을 끝내고 거푸집을 벗어내는 장면이 영상으로 연출되고 있다.

신라 경덕왕은 성덕대왕의 위업을 기리기 위해 종을 만들기로 하였으나 이루지 못하고 혜공왕 7년(771년)에 이르러 34년이란 긴 각고 끝에 완성하게 된다.

무릇 지극한 도는 형상의 밖을 둘러싸고 있어서 보아도 그 근원을 볼 수가 없고, 아주 큰 소리는 천지 사이에 진동하고 있어서 들어서는 그 울림을 들을 수 없다. 이러한 이유로 가설을 세워 세 가지 진실의 오묘함을 보듯이, 신종을 매달아 놓아 일승의 원음을 깨닫고자 하니라.

- '성덕대왕신종 명문'에서

성덕대왕신종은 통일신라의 분위기에 걸맞게 문양이 화려하고 조각 수법이 뛰어나 1,000자가 넘는 명문은 1,300년이 지난 지금까지도 잘 보존되고 있다. 소리 또한 세계 어느 종에서도 낼 수 없는 맥놀이라는 울림이 있어 이는 기술을 뛰어넘어 과학이라고 할 수밖에 없다.

안으로 들어가니 시대별로 범종의 소리를 구별하고 느낄 수 있는 공간이 있다. 우리나라에서 가장 오래된 범종인 상원사종의 소리를 들어보았다. 맑고 울림이 많아 태평성대 했던 당시의 분위기를 말하는 듯하다. 밝은 선禪의 소리다. 다음은 고려 내소사의 범종 소리를 들어보았다. 실내인데도 아득하게 들린다. 호국불교의 전성기에 걸맞게 소리 또한 여유롭다. 조선시대 해인사 종소리는 깊고 웅장하게 울려 퍼지는 소리다. 아무래도 숭유억불崇儒抑佛 정책을 펼치던 시대라 은근하게 울림을 전했으리라 짐작해 본다.

소리의 느낌은 따로 들으면 구별할 수 없을 정도로 차이가 미세한 것 같지만 이 작은 차이마저 섬세하게 구현해 종을 만든 것을 보면 분명 우연은 아니리라. 소리의 비밀은 무엇일까.

종의 종류는 참 많다. 어렸을 적 선생님 탁자 위에 놓여 있던 작은 종부터 뎅겅~ 뎅겅~ 시간을 알려주던 학교 종, 땡~ 땡~ 교회 종, 소의 귀밑에 달았던 워낭…. 그뿐인가. 자전거 종도 있고 무속인들이 사용하는 방울도 종의 일종이다. 또 악기의 기능을 갖는 악종도 있다. 셀 수 없이 많은 종의 종류만큼 소리도 그야말로 천차만별이다.

서양의 종은 주로 위에 매달려 아래를 내려다보고 있다. 사람이 종신鐘身 안에 있는 줄을 당겨 소리를 낸다. 아래로 쏟아낸 소리는 그대로 사방으로 흩어진다. 서양의 종소리는 그냥 소리일 뿐이다. 범종은 바닥 가까이 낮은 곳에 있어 당목을 쳐서 밖에서 안으로 소리를 전한다. 그 소리는 바닥에 파놓은 움통에서 숨을 고르고 난 연후에 세상 밖으로 나온다. 서양의 종소리가 하늘을 나는 새의 노래라면 범종의 소리는 세상을 품는 영혼의 소리다.

우리나라 범종의 소리가 아름다운 것은 맥놀이 현상으로 끊어질 듯 이어지는 여운 때문이다. 맥놀이 현상은 범종에 새겨진 마디선과 비천상과 같은 문양에 의하여 서로 다른 소리가 발생하며 서로 간섭을 일으키기 때문이란다. 문양은 멋있으라고 장식으로 넣은 것인 줄 알았는데 그것이 아니었다. 사람도 겉만 보고 판단했다가 낭패를 보는 수가 있다더니….

문양을 자세히 들여다보았다. 통일신라시대에는 주로 악기를 연주하는 천인을 묘사하였다 한다. 그런데 성덕대왕신종에 새겨진 문양은 악기를 연주하는 것이 아니라 무릎을 꿇고 병향로를 들고 공양하는 공양자상이다. 이는 성덕왕에 대한 아들 경덕왕의 효심을 그린 것이라 한다. 그동안 내가 보아왔던 것은 고려시대의 하늘을 나는 천인을 그린 비행비천상이었던 듯하다. 이렇듯 문양에 따라 소리가 다르다면 당목이 닿는 당좌에 새겨진 문양도 그냥 새긴 것은 아니리라.

서양의 종과는 다르게 범종은 바닥에 명동鳴洞을 만들어 놓았다. 움통이라고도 하는 이 명동은 종구鐘口에서 빠져나온 소리를 메아리로 만들어 다시 종신鐘身 안으로 반사시킨다. 이렇게 숙성된 소리가 긴 여운을 만들어 낸다. 우리도 일방으로 말을 쏟아내면 감정이 극에 달하기 십상이다. 내 안에서 한 번 더 생각하고 곱씹어 나온 소리는 남에게 공감으로 전달되어 맥놀이를 이루며 여운은 오래 남게 마련이다.

범종에서 잡음이 섞이지 않은 맑은 소리가 나는 것은, 맨 꼭대기에 있는 음통音筒이 고주파음을 걸러내기 때문이라고 한다. 사람도 있는 그대로 자신의 감정을 모두 방출하면 동물과 다를 바 없다. 인간이기에 거르고 삭여서 말을 정화시켜야 감동을 준다. 모든 일은 혼자가 아닌 관계에 의해 이루어진다. 범종에 맥놀이가 있듯이 사람에게도 공명이 있어야 맥놀이처럼 울림으로 관계를 이루지 않을까.

 울리지 않는 종은 종이 아니다. 그렇구나. 그냥 있으면 존재자에 불과하다. 종은 울려야 존재의 의미를 이룰 수 있다. 세상을 향하여 한 걸음 내디딜 때 존재의 의미는 걸음만큼 커지는 것이다. 내가 오늘 종 박물관을 향해 발걸음을 향한 것도 하만스타인의 말이 내게 맥놀이로 울림을 주었기 때문이리라.

 박물관을 나오면서 생거진천대종 당목을 당겨 더 힘껏 쳐본다. 꺼질 듯 이어지는 맥놀이가 시야를 적시며 퍼져나가다 어느새 다시 내게로 온다. 긴 여운에 향기가 묻었다.

오창
양지리에 가면

다급하고 초조했다. 어떻게든 이곳을 서둘러 빠져나가야 한다. 빈 물동이를 머리에 인 그녀는 사공에게 '누가 쫓아 올 터이니 입을 다물어 달라'는 부탁을 하고 강을 건너 한양을 벗어났다. 그녀의 머릿속엔 물동이 안에 들어있는 아기의 안위뿐이었다.

노비 삼월이는 그렇게 강을 건너 오창 양지리로 향했다. 목령산을 뒤로 하고 남쪽으로 미호강이 넓은 들판을 내달리는 배산임수의 좋은 터에 양지리가 자리하고 있다. 기름진 터는 여러 성씨의 세거지였다.

동이 안에 들어있던 아기는 청풍淸風 김씨金氏 김후의 손자

김윤金潤이다. 삼월이의 남편은 김윤이 유복자로 태어나자 가문의 재산을 탐하였다. 이를 눈치챈 그녀는 약간의 재산을 챙겨 김윤의 진외가인 양지리로 찾아든 것이다. 하마터면 대가 끊길 뻔하였다. 청풍 김씨 문중에서는 삼월이의 공덕을 기리는 '충비忠婢 삼월지비三月之碑'를 세웠다.

  삼월비를 찾아나서기로 했다. 집에서 2km가 채 되지 않는 곳에 이런 훈훈한 이야기가 있을 줄이야. 송천서원에서 병천 가는 방향으로 첫 번째 마을로 들어섰다. 삼월비를 찾기 전, 전의이씨세장비全義李氏世葬碑가 먼저 눈에 띄었다. 고개를 들어 목령산 철탑이 보이고 그 아래 중턱에 묘지 같은 것이 보였으나 설마 했다. 노비의 비는 이보다 아래에 있거나 외진 곳에 있으려니 했다. 주변을 아무리 둘러봐도 삼월비가 보이지 않아 혹시나 하는 마음에 철탑이 있는 쪽으로 오르기 시작했다. 느닷없는 길손의 발걸음에 놀란 여치 떼가 여기저기서 튀어나온다. 얼굴에는 비지땀이 줄을 타고 내려와 턱 밑으로 뚝뚝 떨어진다. 아무려면 삼월이의 고충만 하랴. 헐떡이는 숨을 잦히려 고개를 들어보니 과연 삼월비였다. 잘 정돈된 잔디 위로 오후 햇살이 내비친다. 청풍 김씨의 대를 잇게 해준 노비 삼월이의 충성도 귀감이지만 고마움을 잊지 않고 여태 기리는 후손들의 손길이 흐뭇하다. 다만 죽어서도 노비의 신분을 벗지 못했으니 마음이 아릴 뿐이다.

양지리는 원래 안동 김씨의 세거지였다. 김사렴의 6남 1녀 중 5남과 6남만 아들이 있었는데 모두 출가하여 후사가 없었다. 4남의 딸이 전의 이씨에게 시집을 갔다. 전의 이씨가 청주에 자리를 잡기 시작하면서 양지리는 전의 이씨와 연을 맺게 된다. 그 후 전의 이씨 가문에 후사가 없었는데 이사혜가 청풍 김씨 김후金珝를 사위로 맞으면서 삼월이의 충정으로 청풍 김씨의 세거지가 된 것이다. 삼월비에서 내려와 두릉유리로 변에 김호철, 김호열의 효행을 기리기 위해 세운 청풍김씨 쌍효정려淸風金氏 雙孝旌閭가 있다. 삼월비와 쌍효각 같은 미담과 가문의 역사가 대대로 전해지는 것은 아마도 인·의·예·지·충·효를 기본으로 한 풍토와 이를 중요시한 교육의 힘이었으리라.

오창사거리에서 병천 방향으로 가다가 오창산업2단지로 향하는 길목 양지리에 자주 가는 카페가 있다. 얼마 전 카페에 앉아 차를 마시다 문득 길 건너 맞은 편에 태극문양의 솟을대문과 홍살문이 눈에 들어왔다. 송천서원松泉書院이다. 자주 다니는 길인데도 그동안 알지 못했다.

가까이 가서 보기로 했다. 강당 왼쪽에는 조상의 신주를 봉안한 모현문慕賢門이 보이고 오른쪽 충효재 뒤편에는 전의이씨 신주神主를 모신 목양사鶩陽祠가 있다. 송천서원은 처음에는 문중서원이었으나 후에는 임금이 현판을 직접 하사한 사액서원이 되었다고 한다. 송천서원이 사학기관으로서의 역할이 얼마나 막중했을지 짐작이 간다.

  소박한 맞배지붕의 송천서원 강의실이 궁금했다. 담장 너머로 보이는 마당엔 잡풀만 무성한데, 굳게 닫힌 옥색 문살이 마음을 잡아끈다. 오랜 세월 유생들의 발걸음이 목령산 정기를 타고 분주했으리라. 입신양명에 뜻을 둔 젊은이들에게 인성 교육보다 우선인 것이 있었을까? 예나 지금이나 배움과 교육에 대한 열망은 변함이 없는데 왠지 씁쓸하다. 주말인 오늘도 오로지 수능을 위해 땀을 흘리고 있을 우리의 청소년들을 생각한다. 좋은 대학에 보내는 것이 교육의 목표는 아니건만…. 사람다움을 먼저 가르치는 교육이 뒷전으로 밀리고 있지는 않은지 염려스럽다. 송천서원에서 수학하여 입신양명한 사람도 적지 않겠으나 삼강과 오륜을 바탕으로 학문을 닦았으니 수신하고 제가한 연후에 치국하였으리라.

  목령산 산바람이 양지리에 닿는다. 충과 효의 숨결이 그곳에 머문다.

비로자나불의 숨결
- 청주 문동리 동화사

"아부지, 언제 다 가?"

"이제 다 왔어."

"근데 다 왔다면서 왜 자꾸 걸어 가?"

'이제 다 왔다'는 말의 의미를 몰랐던 어린 나는 남수원 동화사를 지나는 길이 힘들고 지루할 뿐이었다.

할머니 댁에 가는 길. 고은 삼거리에서 버스를 내려 걸어갈 때는 물론 화당에서 내릴 때에도 지루한 발걸음은 숨소리를 재촉했다. 계곡을 따라 모퉁이를 돌 때쯤이면 우리는 걸음을 멈추어야 했다. 깎아지른 듯한 검은 암벽 사이로 드문드문 소나무가 자라고 아래 계곡으론 물이 바윗돌을 휘돌며 흘렀다.

액자 속 수묵산수화에서 보던 바로 그 장면과 흡사했고 소설을 읽을 때도 인적이 없는 깊은 계곡을 묘사하는 장면이 나오면 나는 이곳을 떠올리곤 했다. 여름날 저녁, 절벽 아래로 흐르는 물속에 몸을 담그신 할아버지 모습을 보았을 때는 할아버지가 마치 신선인 듯 착각을 하기도 했다.

행정구역상 청주시 서원구 남이면 척산화당로(문동리), 남수원 계곡을 향해 길에서 돌아앉은 동화사는 왠지 으스스한 느낌을 주곤 했다. 가족이 모두 성당에 적을 두어서인지는 몰라도 그곳을 들여다보는 것은 무언의 금기였다. 안개 속 베일에 싸인 듯한 그 안이 늘 궁금했으나 담장 안으로 지붕만 빠꼼이 보여줄 뿐이었다.

아버지의 귀향길에 고향 이웃분을 우연히 만나는 곳도 여기쯤이었다. 지금은 사라지고 없지만, 그때는 동화사 뒤편 길가에 작은 옹달샘이 있어 습관처럼 우리는 이곳에서 목을 축이곤 했다. 고갯길이 아닌데도 여기쯤만 오면 가쁜 숨을 몰아쉬며 걸음을 멈추었다.

그곳이 궁금하다. 이제 내가 아버지의 그때 나이보다 훨씬 더 지나 다시 찾은 동화사는 어릴 적 칙칙하고 몽환적인 느낌 대신 아담하면서도 정겨운 분위기로 바뀌었다. 밝아졌다. 암자라고 해도 좋을 만큼 규모는 작지만 말끔하게 단장한 정성이 눈에 보인다.

한국불교 태고종 사찰인 동화사는 남수원에 있어 '남수원절'이라고도 부른다. 작은 도량에 연화문, 당초문이 있는 기와가 산재해 있는 것으로 보아 통일신라나 고려 시대에 창건했을 것으로 추정할 만큼 오랜 역사를 가진 절이다. 나지막해진 담장 너머로 심우도가 그려진 대적광전이 보인다. 대적광전은 정면 세 칸, 측면 두 칸의 맞배지붕이다.

대적광전 앞에 섰다. 특이한 모습의 석조 비로자나불 좌상이 협시불 없이 독존이다. 광배는 없고 오른 어깨 쪽으로 목이 약간 기울어진 모습은 어찌 보면 우스꽝스럽기도 하고 달리 보면 뭔가 부족한 듯한 편안함이 보이기도 한다. 사람도 완벽한 사람보다 어딘가 빈틈이 있어야 더 가까이하고 싶은 것처럼….

이 불상은 임진왜란 당시 왜군 장수가 이곳 남수원을 넘어갈 때 말발굽이 떨어지지 않자 저 불상 때문이라며 목을 베어 버렸단다. 그러자 불상의 목에서 피가 흘렀다는 데…. 동화사 주변에 버려진 것을 300년 전 현재의 절을 중수하면서 옮겨 봉안하는 과정에서 잘못하여 머리가 약간 기울어졌다고 한다.

합장을 하고 잠시 예를 표하는데 동화사의 한 처사를 만났다. 이곳에 예사롭지 않은 기운이 있다고 전하는 그의 눈에서 빛이 난다. 계곡 가운데 해수관음상을 향하는 거북바위가 그렇고 삼층석탑이 있는 대적광전 앞마당에도 신비한 기운이 감돈단다. 과연 그 기운이 어떤 것이길래 고갯마루도 아닌 이곳을 왜군 장수를 태운 말이 넘지 못했을까? 그러고 보니 우리가 이곳을 지날 때마다 걸음을 멈추게 한 것도, 어렸을 적부터 궁금히 여겨 나의 발길을 자꾸 이리로 오게 하는 것도 비로자나불의 보이지 않는 기운이 내게로 닿은 것이 아닐까.

왼손 검지를 오른손으로 감싸고 있는 비로자나불은 부처와 중생이 둘이 아닌 하나라는 뜻이니 부처님의 세계가 곧 우리의 현실 세계로, 진리는 하나요 세상 만물도 하나라는 것이다. 아하, 그러고 보니 비로자나불은 왜군 장수나 문동리 사람이나 진리 앞에 세상 모두가 하나라는 것을 일깨워주고 싶었던 것은 아닐까?

수백 년 전 목이 베어졌든 300년 전 다시 봉안을 했든, 비로자나불의 숨결은 변함이 없어 왜군 장수도, 나이 어린 소녀도, 문동리 사람들도 한 곳으로 모으려 했나 보다. 모인다는 것은 하나가 된다는 뜻. 과거도 현재도 억겁의 시간에서 보면 모두 하나일 것이다. 시간과 공간을 넘어 이념과 분쟁을 넘어 모두가 하나 되는 세상을 비로자나불은 꿈을 꾸고 있는 것 아닐까. 경계가 없는 하나 된 세상 말이다.

감히 가까이할 수 없는 진회색 분위기였던 동화사가 지금은 환하게 개방되어 반갑다. 아직은 유명세를 타지 않아 아는 사람만 조용히 다녀가는 곳이기도 하다. 내게는 어릴 적 추억이 비껴있는 동화사, 시내에서도 가까우니 한 번씩 들러서 쉬었다 가는 것도 좋겠다. 다음에 가면 스님께 차라도 한잔 청해야겠다.

세 여자
그리고 바람

누가 그 길을 알았으랴, 언제 올지 어디로 갈지. 누가 짐작이나 했으랴, 얼마나 클지 얼마나 강할지. 그가 남긴 발자국은 반세기를 훌쩍 넘기고서야 아무렇지 않은 듯 지워진 인장이 되었다. 지금도 덕숭산엔 그 바람의 흔적이 있을까?

> 속세에 두고 온 님 잊을 길 없어
> 법당에 촛불 켜고 홀로 울 적에…
> 　　　　　　　　　　－〈수덕사의 여승〉에서

무심코 어머니 입에서 흘러나온 노랫말이 내 가슴에 파문을 일으켰다. 도대체 어떤 사연이…. 요양원에 계신 어머니는 모든 기억을 털어내고도 애창곡 〈수덕사의 여승〉과 〈여자의 일생〉 노랫말만은 기억의 부스러기로 혀끝에 남아있다. 남편 이름도 잊었으면서 그 노래는 왜 여태 잊지 못하는 것일까. 요양원에 계신 거의 모든 어르신들 역시 떼창을 부르실 정도다. 속세에 끊지 못한 인연이 가슴을 헤집을수록 염불하는 소리는 드높아지고 여승의 그림자만 바람에 흔들린다. 쇠북소리가 들리는 듯하다. 수덕사로 향했다.

일주문을 들어서자 왼편으로 초가지붕에 어울리지 않는 창틀 유리문이 아름드리나무 숲 사이로 얼핏 보인다. 수덕여관이다. 초가지붕은 관념을 지켜내려는 규범이요 유리창은 거부할 수 없는 신문물인 듯하다. 한때 세상을 떠들썩하게 했을 젖은 바람이 잎새달의 풋풋한 초록에 가렸다. 수덕사에 들었던 바람은 세월 따라 잦아들고 그녀들이 남기고 간 흔적만 아련하다. 상춘객들의 왁자한 소리에도 이곳만큼은 고요하다. 덕숭산 기슭에 불던 바람은 어디로 갔는지 몇몇 신도들이 소원 등을 만드느라 분주할 뿐 세월을 모두 집어삼킨 듯 사위가 조용하다. 한때 바람을 일으키며 살다간 세 여자가 그곳에 있었다.

수덕사 법당에 촛불 켜고 홀로 울던 여승이 속세에 두고 온

님은 다름 아닌 어린 아들이었다. 사랑에 대한 견해가 남달리 자유분방했던 시인 일엽(본명 김원주)은 이혼 후, 일본 유학 중 한 남자와 사랑에 빠진다. 아이까지 낳았지만 남자 집안의 반대로 그 사랑 역시 이루지 못했다. 남자의 친구에게 아들을 양자로 주고 홀로 귀국하여 머리를 깎는다. 수덕사까지 엄마를 찾아 먼 길 온 아들에게 속세와 인연을 끊었다며 그대로 돌려보내는 어미의 심정이 오죽했을까. 꼿꼿한 잣대 앞에 사랑을 꺾고 자식을 버려야 했던 그녀 역시 어미였음을…. 바람에 실려 우는 쇠북이 어미의 애간장을 녹였으리라.

그즈음 화가 나혜석이 이응노에게 그림을 가르치며 이곳 수덕 여관에 머물고 있었다. 그녀 역시 온갖 추문의 꼬리표를 달고 혈혈단신 온 터였다. 일엽의 친구인 그녀는 일엽의 아들을 어미 대신 젖가슴을 내주어 가슴으로 품었다니…. 나혜석 역시 일본으로 프랑스로 다니며 신문물을 일찍 접한 탓일까. 남보다 앞서 내디딘 발걸음에 굴곡진 청춘을 불살랐던 여인이다. 규범을 벗어버린 그녀는 초가지붕에 어울리지 않는 유리창이었다. '이혼 고백서'로 세간을 떠들썩하게 했던 그녀 역시 인간 본성은 여염집 여인과 다를 바 없었다.

수덕여관의 안주인 박귀희. 한참 유명세를 날리던 남편 이응노 화백은 젊은 여자와 사랑에 빠져 독일로 가버린다. 사랑 주머니가 여러 개인 남자와 달리 일편단심 남편이 돌아오기를 죽는 날까지 기다리던 한국의 여인이다. 왜바람은 바다 건너 먼 곳에서 달려와 이엉을 들썩이고 그녀의 가슴에 머물렀을 것이다. '여자이기 때문에 참아야만 한다기에' 일생을 나부끼는 깃발처럼 살다간 여인이다.

  나혜석과 김일엽 그리고 박귀희. 색깔도 방향도 서로 다른 바람이 한 곳에 머물러 회오리를 만들더니 덕숭산에서 잦아들었다. 규범은 그들에게 검지손가락을 치켜세웠을 테고 여염집 여자들의 본성은 저마다의 가슴에 꿈틀대고 있었을 것이다. 이는 바람, 흔들리는 문풍지에 어찌 밖이 궁금하지 않았을까. '규범의 도포 자락'을 훌훌 벗어던진 나혜석과 김일엽에게 치켜세웠던 검지손가락도, 문틈 사이로 새어들어오는 바람을 막을 수는 없었다. 그들이 일으킨 바람이야말로 먼지를 날려버리고, 바닷물을 정화하고, 세상을 이끌어온 선각자였던 것을.

> 조선 남성들 보시오. 조선의 남성이란 인간들은 참으로 이상하외다. 잘나건 못나건 간에 그네들은 적실, 후실에 몇 집 살림을 하면서도 여성에게는 정조를 요구하고 있구려. 하지만, 여자도 사람이외다!
>
>   - 나혜석, 〈이혼 고백서〉에서

〈여자의 일생〉을 노래하던 60년대 젊은 여인들은 인습과 편견에 맞서던 나혜석의 〈이혼 고백서〉를 뒤돌아 앉아 응원하였으리라. 감히 드러낼 수 없었던 여염집 여인들은 그 바람이 내게도 불어와 주기를 바랐는지 모른다. 지금은 요양원에 계시면서도 여태 잊지 못하고 즐겨 부르니 말이다.

바람은 언제나 낯설다. 어제와 오늘이 다르고 오늘과 내일이 같을 수 없다. 그래도 바람은 예나 지금이나 끊임없이 다녀간다. 때론 섬세하게 때론 무지막지하게. 그들이 일으켰던 바람이 있었기에 나 역시 그 바람을 타고 여기까지 왔다. 지금도 또다른 색깔의 바람은 어디선가 불고 있을 것이다. 오늘 내게 불어온 바람은 다시 어디로 갈거나. 나는 또 누구에게 작은 실바람이라도 불어줄 수 있을지. 사월의 연두 바람이 쇠북을 어루만진다.

망각의 미소
- 증평 미암리 석조관음보살을 다녀와서

　민심이 흉흉했다. 어제도 그제도 하루가 멀다고 송장이 나가니 숨도 마음대로 쉬지 못할 판이다. 오래전, 마을에 역병이 심하게 돌아 사람들은 손도 쓰지 못하고 속수무책으로 당하고만 있었다. 마을을 지나던 노승이, 관음보살님께 기도하면 7일 이내 효험이 있을 것이라 했건만 워낙 행색이 남루한 노승인지라 마을 사람들은 그냥 흘려버렸다. 안타까운 마음에 내 가지들을 세차게 흔들어 보였으나 눈치를 채는 사람도 없었다. 역병이 잦아들기는커녕 점점 심해졌다. 지푸라기라도 잡는 심정으로 노승의 말을 따르기로 한 마을 사람들이 이곳 관음보살을 찾아왔다. 다행이다 싶었다. 정성을 다해 기도하니 백약이 무효이던 병이 사라지고 사람들의 병도 씻은 듯이 나았다. 그때부터 마을 사람들은 해마다 관음보살을 찾아와 기도하고 재를 올렸다. 그들을 바라보는 내 마음도 한시름 덜었다.

미암리 석조관음보살의 전설과 함께한 세월, 내 나이 어느새 삼백 살이 족히 넘었다. 세월 따라 나의 근육질은 뭉턱뭉턱 잘려 몸피를 줄여도 가지가 무성하니 석조관음보살의 지붕이 되었다. 봄마다 새로 돋는 잎새만큼 오고 가는 수많은 사연을 내려다보며 나는 관음보살과 함께 그렇게 증평 미암리에 서 있다.

한 여인이 무엇에 홀린 듯 다가오더니 고개를 갸웃한다. 분명 여기 어디쯤인데…. 그녀의 흐릿한 기억이 봄바람을 타고 일렁인다. 100m쯤 떨어진 미륵사를 바라보다 그리로 천천히 발길을 옮긴다. 그녀의 머릿속 기억으론 지금의 미륵사처럼 크지도 않았고 사찰이라고 하기에도 민망한 작은 정원을 갖춘 법당에 스님 한 분만 있을 뿐이었다. 내 보기에도 그녀가 직접 관음보살을 찾아온 적은 없었다. 정신이 까마득히 혼미한데 무엇이 눈에 들어왔겠는가.

어느 날 상상도 못 했던 갑작스런 태풍이 그녀를 덮쳤다. 태풍은 홍수를 불러냈고 홍수는 둑을 무너뜨렸다. 이제 겨우 서른을 넘긴 나이에 찾아온 광풍은 그녀가 감당할 수 없는 그

너머의 일이었다. 어린 아들 둘을 데리고 막막했다.

 운동회가 모두 끝난 운동장이 휑했다. 날은 저물고 어느새 사람들은 모두 집으로 돌아갔는데 그녀만 덩그러니 남았다. 문득 둘째 아이가 보이지 않았다. 아무리 불러도, 교실마다 다 뒤져도 아이의 모습은 나타나지 않았다. 사위는 어둑어둑해지고 덜컥 겁이 났다. 목청껏 아이를 부르다 잠에서 깼다.

 바로 전날 삼천 배를 하고 쓰러진 채 잠이 든 그녀는 꿈이 하도 생생하여 얼른 아이 방으로 가보았다. 아이는 자고 있다. 정신을 차리고 생각해보니 그 스님이 했던 말이 바로 이거였구나 싶었다.

 기도밖에는 답이 없다는 변호사의 말을 듣고 이리저리 며칠을 헤매다 발길이 닿은 곳이 여기쯤이었다. 그녀의 말을 듣는 스님의 안색이 어두웠다. 기도를 열심히 해줄 터이니 사람이 죽어 나가거나 잃어버리는 꿈을 꾸면 다시 연락하라고 했다. 그리고는 보름 만에 아이를 잃어버린 꿈을 꾼 것이다. 그날로 남편을 옭아맸던 쇠사슬이 풀리고 그녀는 질척한 늪에서 겨우 빠져나와 한숨 돌릴 수 있게 되었다.

 한동안 이웃에 계신 스님 한 분이 새벽마다 관음보살을 찾아왔다. 눈을 지그시 감고 목탁을 두드리며 목청을 돋우었다. 기도 소리가 너무도 간절하여 그녀가 누구인지도 모르면서 내가 다 안타까웠다. 그때 그 젊은 여인이 초로가 되어 지금

관음보살 앞에 나타난 것이다. 30년 전의 그녀라고는 믿기지 않을 만큼 얼굴이 편안해 보여 다행이다.

  이곳 관음보살이 수많은 중생을 만나고 떠나보낸 지도 어언 천 년은 족히 되었을 것이다. 많은 중생에게 이미 원력을 다 나누어주었는가. 후손이 다급한 사람과 혜안을 원하는 중생을 위해 코와 눈을 내어주었으니 지금은 닳고 닳아 두루뭉술하다. 웃는 듯 작은 입은 귀여우면서 친근하다. 느티나무인 나도 그의 미소를 바라보며 수백 년의 풍상을 꿋꿋하게 견뎌왔다. 웃자, 웃자, 행복해서 웃는 것이 아니라 웃어서 행복하다고 하지 않던가. 석조관음보살의 은은한 미소에 그녀도 따라 입가에 미소를 얹는다. 관음보살은 여전히 진흙 속에서 헤매는 중생을 구제하겠다는 뜻일까, 오른손에는 연꽃을 들고 왼손으로 받쳤다.

  망각할 수 있는 능력, 관음보살은 이미 그녀에게 가피를 내려주었다. 그녀가 관음보살이 들고 있는 연꽃을 바라본다. 진흙 속에서 헤매던 날들의 기억을 잊어가는 그녀는 이제 연꽃으로 피어나려나. 관음보살의 자비가 다시 그녀에게 베풀어지기를….

  살아오면서 온전히 마음 편했던 날이 얼마였던가? 돈도 명예도 그 흔한 가정의 안락함도 그녀의 것은 없었다. 가진 것이 없어도 늘 부자라 한다. 허점투성이로 살면서도 늘 이만하면 되었단다. 그녀가 지금 웃을 수 있는 것은 망각이라는 긴 강을 건너왔기 때문일 것이다.

손에 든 연꽃이 유난히 선명하다. 다시 꺼내 보고 싶지 않은 지난했던 기억들을 이제 모두 거두라 한다. 흐릿해진 기억 조각들을 아예 버리려 그녀가 관음보살 앞에 삼배를 올린다. 관음보살의 미소가 그녀에게 머문다.

하늘하늘 모시 자락 같은 얇은 볕이 내 몸을 휘감는다. 봄을 여는 소리가 들려온다.

향기 나는 굴뚝

막이 올랐다. 발레리나의 우아한 춤사위에 밝은 조명이 따라붙는다. 관객 모두가 숨을 죽이고, 그녀의 사뿐사뿐 몸놀림에 내 마음도 덩달아 깃털을 단다.

이태 전 2022 한국공예관 기획공연 '안덕벌 랩소디: 추억을 피우는 공장'이라는 창작 오페라 공연을 볼 기회가 생겼다. 한국전쟁 이후 애환을 담은 연초제조창 풍경이 작은 무대 위에 오른 것이다. 저녁 외출이 거의 없는 내게 문화제조창의 밤 풍경은 낯설었다. 나를 빼고는 모두 젊은이들만 있는 것 같아 머쓱했다. 나는 추억을 주우러 왔다지만 그들에게 연초제조창은 어떤 의미를 담고 있을까?

발레리나가 어둠 속으로 사라지자 사무실 풍경이 무대를

채운다. 유니폼을 입고 일하는 직원들의 분주한 손놀림이 활기차다. 푸른 유니폼을 보니 내가 어렸을 적 회사에 다니던 언니들을 만난 듯 생생하다. 젊은 근로자들이 모두 함께 부르는 '연초제조가'가 우렁차다. 당시의 사가社歌였을까. 사가는 직원들에게 애사심을 갖게 하고 하나로 뭉치게 하는 힘이 있으니까 그때도 아마 있었을 것이다. 연초제조가를 듣는 내내 내가 마치 직원인 양 왜 가슴이 벅차오르는 건지.

연초제조창은 안덕벌의 대명사다. 안덕벌에는 6.25 전쟁 후 가족을 잃어 외롭고 힘든 사람들이 유난히 많았다. 다랭이논이었던 안덕벌에 담배 공장이 세워지고 연초제조창은 진흙탕 같은 그들의 삶에 꿈을 만들어주는 희망의 공장이었다.

당시 서민들의 삶과 애환을 고스란히 담고 있는 연초제조창에서 정순과 범태의 사랑 이야기는 할머니가 된 정순의 실제 이야기라고 한다. 전쟁으로 가족을 잃은 그녀는 홀어머니를 모시고 연초제조창에서 일을 하며 살아간다. 한편 혈혈단신으로 살아가는 범태를 만나 사내社內에서 둘은 사랑에 빠지지만, 외로움으로 술에 절어 사는 범태에게 정순은 실망하게 되고 범태는 사랑을 되찾기 위해 운동으로 위기를 극복한다는 이야기다. 스토리는 단순하지만 짧은 이야기 속에 많은 추억을 담고 있었다. 제목처럼 그야말로 추억을 피우는 공장이었다.

내가 초등학교에 다니던 시절, 사실 연초제조창이라는 말은 많이 들었지만 별 관심은 없었다. 다만 하얀 담벼락만이 까마득하게 길다고 느꼈을 뿐. 하지만 그 길고 먼 담장 안 세상은 나의 상상 그 이상이었나 보다. 월급날이면 안덕벌 주변에 시장이 생길 정도로 연초제조창은 청주의 경제를 쥐락펴락했다고 하니.

그 많은 젊은이들이 월급날을 그토록 기다렸으면서도 달가울 수만은 없다. 월급봉투는 손을 잠깐 스쳐 갈 뿐 임자는 따로 있었다. 월급날이면 외상값에 시달리는 사람, 술에 전 사람, 동생 학비 걱정하는 사람들…. 시끌벅적 왁자지껄. 요즘처럼 자동으로 이체되어 숫자로만 느끼는 급여가 아니다. 어떤 이에게는 애틋한 희망이, 어떤 이에게는 늑진 허무가 고스란히 담긴 월급봉투다. 손으로 두께를 가늠해보고, 뒤돌아서 남몰래 슬쩍 들여다보며 미소짓고, 다시 또 한 달을 기다리는 희망 봉투다.

술집에서는 기다렸다는 듯이 외상값을 독촉하고 쪼들리는 생활에 '주네, 마네' 실랑이가 벌어지는 장면도 익숙하다. 바로 얼마 전 일 같으니 말이다. 카드로 결제하는 요즘에야 볼 수 없지만 외상 장부는 내 어릴 적 늘 주머니가 얇은 어머니에게는 구세주였다. 장부에 빼곡한 숫자만큼 엄마의 주름은 깊어가고 아버지 월급날 외상 장부에 빗금이 그어져야 엄마는 한

시름 놓고 잠시나마 어깨를 펼 수 있었다. 요즘의 신용카드가 결국 외상 장부라 생각하니 피식 웃음이 난다. 쪼그라든 외상 장부에 당당한 신용카드라…. 외상은 마찬가지인데 느끼는 감정은 참 다르다.

　연초제조창에 대한 진한 여운과 추억을 가슴에 안고 공연장을 나왔다. 지금은 담배가 아닌 문화를 제조하는 문화제조창답게 많은 젊은이들이 오가는 모습이 반갑다. 문화제조창은 '근로자의 땀방울이 예술인의 땀방울로', '담배 연기는 문화의 향기'로 탈바꿈한 청주의 역사이자 얼굴이다.

　공연장을 나오면서 청주에 이런 문화제조창이 있다는 것이 참 뿌듯했다. 1층엔 휴게 공간이 넉넉하게 마련되어 누구든 편안하게 쉬었다 갈 수도 있고 각종 전시는 물론 다채로운 공연이 이루어지기도 한다. 널찍한 도서관도 있어 조용히 앉아 책을 읽을 수도 있다. 담배를 만들던 연초제조창이 문화를 만들어 가는 문화제조창으로 탈바꿈한 것이다. 이미 역사 속으로 사라진 담배 공장. 지난 추억의 끝자락을 붙잡듯 본관 곳곳에 옛 건물의 흔적을 군데군데 남겨 놓은 것도 이색적이고 흥미롭다.

　밖으로 나오자 밤하늘을 뚫을 듯이 우뚝 솟은 굴뚝에서 문화의 향기가 모락모락 피어오르는 것만 같다. '직지의 고장 청주'이니만큼 이왕이면 청주문화제조창에서 세계문화제조창으로 거듭나 청주 시민뿐만 아니라 세계의 많은 사람이 찾아오는 문화제조창이면 좋겠다는 생각을 해본다. 추억을 피우는 공장에서 젊은 문화의 향기가 바람을 타고 온 누리에 퍼지기를.

5부

숨소리

내비둬유

허물

겉과 속이 다른 여자

심심하면 안 되나요

행복센터

가지치기

호떡과 햄버거

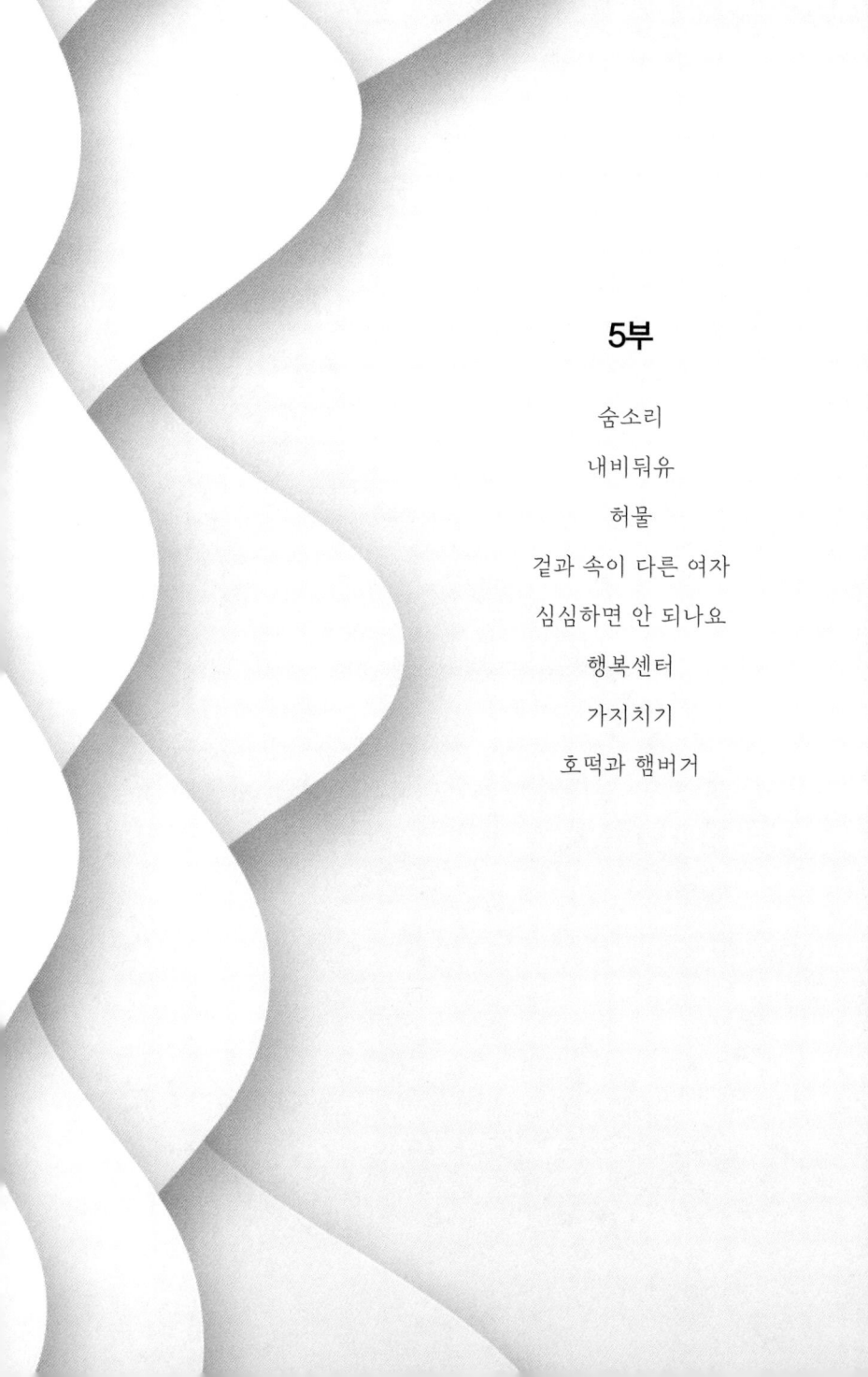

숨소리

현관문을 열었다. 으레 촐랑촐랑 문 앞으로 달려와 밥을 기다려야 할 고양이들이 오늘따라 보이지 않는다. 뱀을 막으려 모셔오다시피 해서 기르게 된 길냥이다. 그들 도리와 토리 덕분에 늘 아침이 즐겁다. 요 며칠 비무리가 머리 위에서 서성이더니 밤새 젖은 마당 위로 눈발마저 날린다. 이상하다? "도리야~, 토리야~"

두리번거리다 순간 심장이 멎는 듯했다. 작년 가을 똬리를 틀고 있던 살모사와 마주쳤을 때처럼 나는 또다시 얼음이 되었다. 봉당 마른 잔디 위에 웅크리고 있는 시커먼 저것은? 낯설다. 고양인가? 개인가? 저런 모습을 한 개나 고양이를 이 동네에서 본 적이 없다. 무얼까? 어떻게 왔을까? 내가 잠든 사이 얼마나 많은 짐승이 다녀가는 것일까? 새끼고양이가 익숙한 내 눈에 녀석은 한자루만 해 보였다. 섬뜩했다. 벌떡 일어나 덤비기라도 하면? 쉽사리 다가가 살펴볼 용기가 나지 않는다. 두려움과 호기심으로 범벅이 된 나는 현관문을 빠꼼이 열고 얼굴만 내민 채 지켜보았다.

고양이는 분명 아닌 것 같고 개라고 하기엔 주둥이가 좀 길다. 웅크린 등허리는 피부가 다 드러나 보일 정도로 털이 빠졌다. 그나마 남아있는 성근 털은 바람만 불어도 훌훌 빠져 버릴 듯이 푸석해 보인다. 녀석은 오들오들 떨고 있었고 아주 힘겨워 보이는 숨소리는 끊어져 가는 마지막 생을 겨우겨우 붙잡고 있었다. 나는 어찌할 바를 몰라 현관을 들락거리기만 했다.

거두어야 하나 내쳐야 하나 머릿속이 복잡하다. 쫓아버리자니 내 손으로 들어내야 할 것이고 죽을 때를 기다리자니 그 역시 내 손으로 치워야 한다. 어떡하나. 그가 벌떡 일어나 나를 해칠 것 같기도 하고 이곳에서 까무룩 숨을 거둘 것도 같다. 언제부터 여기 와 있었을까? 저렇게 힘든 와중에 어떻게 돌계단을 밟고 여기까지 올라왔을까? 불청객이 찾아든 것을 감지한 도리와 토리는 이미 멀찍감치서 서성이고만 있다.

그의 생명이 점점 꺼져간다. 미약하게나마 신음도 들린다. 의지마저 놓아버린 무의식의 소리다. 가뭇하게 사그라드는 숨소리를 들으며 어느새 나는 그를 응원하고 있었다. 우선 아침에 먹다 남은 북엇국을 갖다 주었다. 냄새를 맡았는지 머리가 약간 움직이는 듯했으나 차마 먹지는 못한다. 고개를 쳐들 기운도 없는 것 같다. 녀석의 생명의 끈은 아주 가느다랗고 아슬아슬하다.

아버지가 우리 곁을 떠나실 때도 그랬다. 얼마 전부터 숨소리가 거칠어지고 고통을 호소하셨지만 그때도 내가 할 수 있는 것은 아무것도 없었다. 아버지의 숨소리가 멈춘다는 것은 상상도 해 본 적이 없다. 숨소리에 실린 그 고통을 가늠조차 하지 못했다. 아버지 앞에서는 늘 아무것도 할 줄 모르는 막내딸일 뿐이었다. 아버님 혼자서 고스란히 맞아야 하는 외로운 마지막 행로. 장마 끝에 처마에서 툭툭 툭 툭… 떨어지는 물방울처럼 한 생애의 마지막 숨은 그렇게 처연히 사그라졌다.

야생동물 구조센터에 연락했다. 사진을 찍어 보내줬더니 개선충에 걸린 너구리란다. 옴이 몸에 들러붙어 생기는 병이라니 나야말로 재수에 옴이 붙은 건 아닐까. 다른 집들 다 놔두고 하필 우리 집이라니. 얼마 안 있어 센터 직원이 도착했다.

"곧 죽을 것 같아요. 신음소리도 힘겨워 보여요."

"걱정 마세요. 이 녀석들 그렇게 쉽게 죽지 않습니다."

직원은 능숙한 솜씨로 그를 거두었다. 너구리가 차에 실리는 것을 본 후에야 마음이 놓였다. 너구리가 떠나자 도리 토리가 살금살금 밥그릇을 찾아간다.

"복 받으세요."

하며 직원은 차에 올라탔다. 복을 받으라니. 나더러? 민망했다. 제 몸 하나 겨우 누일 만큼 빠꼼한 마른 잔디를 찾아, 마지막 생명의 끈을 붙잡으려 안간힘을 쓰는 모습을 바라보며 거둬야 할지 내쳐야 할지를 먼저 셈했던 자신이 초라했다. 내가 필요한 고양이는 거두고 숨이 꺼져가는 너구리를 내치려 했던 나의 이기심이 낯뜨겁다. 아버지의 마지막 숨소리에도 너구리의 미약한 숨소리에도 어쩌지 못했던 나의 나약함이 부끄러웠다. 직원이야 으레 하는 인사말이겠지만 왠지 그 인사가 나의 양심을 콕 찌르는 것이다.

내비둬유

　서울 사램덜언 참 이상해유. 왜 자꾸 일거릴랑 맹글어가꾸 바쁘게 사능가 몰르겄슈. 지 칭구만 해두 그려유. 걍 살어두 편할 낀디 돈을 긁어 모을라구 용을 쓰능거 같어유. 내 보기엔 그만허믄 사는 거 겉은디 그놈에 욕심이 한두 끝두 읎능게뷰.
　접때는 전화를 한 번 받었는디 오랜만이라 이런저런 할 얘기두 많었쥬. 종내는 부동산 얘기꺼정 간규. 살던 아파트를 팔어가꾸 퇴직금 받은 거랑 보텨서 역세권에 이사를 했넌디, 시세 차익이 엄청이 많이 났대유. 그라믄서 지헌티 허는 말이, 가만히 있지 말구 지금 사는 집은 팔어서 시를 살믄서 새 아파트루 분양을 받으라능 규. 그라믄 낭중에 피만 챙겨두 그게 워디냐구유. 아주 목소리에 심이 철철 넘쳐유. 지더러 답답혀서 죽겄다능 규, 왜 그륵히 사냐구유. 가만히 생각해 보니께 머리가 아프대유. 그래 내가 그랬쥬. 지금 사는 집두 편하구 존디 뭐더러 이사를 허냐구유. 안 그류? 서울 사램덜언 왜 그륵히 복잡허게 사능가 몰러유.

 또 한 칭구는 이 나이에 뭘 배우겄다구 노상 뗘댕겨유. 아, 핵교 댕길 즉에 그만큼 공부혔으믄 되얏지 인저와서 무신 광영을 보겄다구 저 난린지 내 참 알다가두 몰르겄다니께유. 아침버텀 살림허구 돌아스믄 저녁인디, 맨날 그륵히 사는 지가 답답하다능 규. 근디 생각 즘 해 봐유. 애덜두 다 키웠겄다 인저 허리 즘 필만 허걸랑유. 그래 존 거 먹구 존 디두 댕기믄서 이릏기 사능기 월매나 존디, 뭐더러 자꾸 일거리를 맹그냐구유. 근디 일거리 안 맹글구 나마냥 내비뒀으면 허는 사램이 또 있능 거 겉어유.

 지가 대전엘 살다 한 삼십 년 만에 다시 청주루 와 무심천을 댕기다 깜짝 놀랬슈. 딴 디는 하두 배뀌서 놀래는디 청주는 너무 안 배뀌서 놀랬어유. 강산이 시 번이나 벤할 동안 할아부지 섬만 쓰다듬구 있능 거 같었슈. 하상도로가 생기구, 물두 맑어진 거는 겉은디, 워쩐일인지 서글픈 생각두 나구 화두 나더라구유. 지가유, 왜 이런 생각을 하냐믄유, 대전이건 전라도 워디건, 아니믄 가까운 진천이나 증평만 혀두 뭔가 살어있는 느낌을 받걸랑유. 원제든지 오믄 손님 대접을 해 주겄다는 기 보인다구유.

그래 하두 답답혀서 사램덜헌티 물어봤쥬. 무심천은 왜 기냥 내비두냐구유. 생태하천이라 그렇대유. 그래두 봄이넌 벚꽃, 가을이넌 억새가 멋있다능 규. 억시게 좋아진 거래유. 근디 생태하천이라구 기냥 내비두믄 쓰겄어유? 사램 정성이 보이덜 않넌디. 암만 자연인두 머리는 깎구 목간은 할 거 아뉴. 그라구 억새는 기냥 내비둬두 무쟈게 번지는 거 아녀유? 지절루 말유. 이건 뭐 손두 안 대구 코 풀겄다는 기지 뭐겄어유. 인저 미호강 시대가 왔넌디 미호강 지류 중에 그래두 심주는 디가 무심천 아녀유. 억새맨치 키 큰 잡풀 대신에 철마다 유채꽃, 해바라기, 코스모스 겉은 꽃이루다가 가꿔가꾸 시민들 눈요기래두 허믄 월매나 좋으까유?

허기사 뭐더러 일거리를 맹글겄어유 시방두 갠찮은디. 그라니께 기냥 내비둬유. 우에 기신 으르신덜두 뭔가 허느라구 허능거겄쥬. 기쥬?

허물

 드디어 때가 되었다. 아파트를 떠나 이곳으로 이사 오기 전부터 제일 걱정이던 것이 나무 가지치기를 하는 것이었다. 한 번도 해본 적이 없어 며칠 동안 검색해 가며 고민하던 중이다. 수은주가 곤두박질하는 매서운 날씨인데도 집 안으로 들어오는 햇살에 이끌려 밖으로 나왔다. 바람이 없어 다행이다.
 작달막한 키에 까까머리 중학생처럼 잔가지 하나 없이 말끔한 이웃집 대추나무를 보다가 손질을 하지 않은 우리 대추나무를 보니 가관이다. 남의 입에 오르내릴까 남세스럽다. 얼른 톱과 전지가위를 들고 실전에 들어갔다.
 웃자랐던 잔가지들이 마치 고양이 수염처럼 삐죽삐죽 뻗었다. 가운데 우뚝 하늘로 향한 제법 굵은 가지부터 톱으로 자르기 시작했다. 갑작스런 충격에 고통의 파편들이 우수수 떨어진다. 잘린 가지가 바닥으로 고꾸라진다. 마치 팔뚝이 잘려 나가듯 아픔이 고스란히 느껴졌지만 이를 악물었다. 햇빛을 골고루 받고 통풍이 잘되게 하려면 어쩔 수 없다. 헌신하는 자의 희생이다. 이번에는 수염을 깎듯 잔가지를 톡 톡 잘라냈다. 이미 말라버려 생명의 흔적이 없는 것도 있다. 내 키 높이만큼 낮아진 대추나무가 말쑥해졌다. 한 치의 미련도 없이 모두 벗어버렸다. 바라볼수록 초보자의 솜씨가 스스로 대견하다.

대추는 해마다 새로운 가지에서 열매를 맺는단다. 해묵은 가지를 모두 잘라내야 한다. 한 해 동안의 영광도 고단함도 모두 떨구어내고 다시 시작하는 것이다. 환골탈태다. 결실의 순간도 있었겠지만 아팠던 지난 상처를 모두 지울 수 있지 않겠는가.

사실 좋았던 일은 오래 기억되지 않는다. 괴롭고 힘들었던 일들은 뼛속까지 사무쳐서 자꾸 곱씹게 된다. 잊을 것은 잊으라지만 그게 어디 내 뜻대로 되는가 말이다. 고통의 순간은 완전히 사라졌다 해도 허물이라는 부스러기를 만들어 낸다. 누구에게나 허물은 있다. 그것은 마치 눈에 들어간 티와 같아서 내 눈에는 잘 보이지 않을 뿐이다. 보이지 않는 허물까지 모두 벗어버릴 수 있다면 매번 새로운 사람으로 거듭날 수 있지 않을까. 아마 그렇다면 두 번의 실수는 하지 않을 텐데 말이다.

그뿐이 아니다. 나의 잘못인 줄 알면서도 인정하고 싶지 않을 때가 있다. 자신의 잘못을 인정하려면 용기가 필요하다. 어쩌면 그 잘못을 깨닫지 못한 채 죽을 때까지 가져가는 경우도 있을 것이다. 매번 그런 생각이 들 때마다 허물을 벗지 못한 죽음 뒤의 내 모습을 상상한다. 평생 몰랐던, 잘못을 저지르고 있는 생전의 자신을 저승 가는 길에 뒤돌아보게 된다면 얼마나 끔찍할까. 사과할 수도 용서받을 수도 없을 것 아닌가. 대추나무의 벗어버린 허물은 다시 거름이 되듯이 사람도 잘못을 알면 그 허물마저 존재의 거름이 된다.

비워내야 새로운 것을 담을 수 있다고 했으니 잘려나간 자리에서 다시 새순이 돋을 것이다. 툴툴 털고 다시 일어설 대추나무가 부럽다. 초보자의 실력이기에 혹시 대추가 하나도 열리지 않으면 어떡하나 걱정도 된다. 하지만 오늘 한 가지치기가 대추나무에 상처가 아니라 거듭남을 위한 준비였기를 간절히 바라본다. 내가 만든 또 하나의 허물이 아니었기를….

겉과 속이
다른 여자

 바라볼수록 흐뭇하다. 마음까지 넉넉해진다. 사탕을 내어주시던 할머니의 쌈지처럼 소박하다. 고가구 아래 칸에 올라앉은 폼이 제법 의젓하다. 얼마 전 문우 한 분이 이사 선물로 가져와 내 아람치가 된 늙은 맷돌 호박이다. 생김새가 맷돌 같아 맷돌호박이라고 한다지만, 내 보기에는 넙데데한 몸집이 마치 중년 부인의 감추어진 엉덩짝 같다. 분칠이 잘 먹지 않은 푸석한 피부처럼 허연 빛이 도는 것으로 보아 영락없는 중년의 여인네다.
 며칠을 두고 보다 문득 권희돈 시인의 '구더기 점프하다'라는 글이 생각났다. 선물로 받은 단호박을 갈라보니 속에서 바글바글한 구더기가 점프를 하더라는. 안 될 말이었다. 상상만으로도 끔찍했다. 푸근한 옛 추억을 떠올리며 감상하는 것도 좋지만 혹시 일어날 일에 미리 대비하는 편이 나을 듯싶었다. 억짓손이라도 호박죽을 해보기로 했다. 신문지를 깔고 칼을 댔다.

단단한 껍질이 요지부동이다. 지난한 세월을 견뎌내느라 단단히 빗장을 건 듯하다. 커다란 잎새 뒤에 숨어 비바람을 피해야 했고 탐욕의 손길을 피해 여기까지 왔을 것이다. 한 줄기에 맺혔던 옆지기가 도사리 되어 떨어질 때마다 덴가슴을 쓸어내렸으리라. 시름이 늘수록 주름이 깊어지듯 깊게 파인 골이 세월을 말해준다. 한여름 땡볕을 견디며 첫서리도 받아낸 인고의 세월이다. 그러니 어찌 호락호락하겠는가.

골을 따라 조심조심 갈랐다. 쩌억 벌어진 순간 주황빛 속살에 화들짝 놀랐다. 노란 속살이 아예 붉어 보인다. 마치 첫날밤을 치르려는 새색시의 수줍음처럼 곱기도 하다. 어쩌면 꺽진 성정을 품고 있는지도 모르겠다. 누가 이 호박을 늙은 호박이라고 했을까? '호박꽃도 꽃이냐'더니 익어서도 이름이 영 마뜩잖다. 호박은 '늙은 것이 아니라 잘 익은' 것이었다.

조롱조롱 잘 여문 호박씨가 실타래를 서로 잡고 알콩달콩 조잘거리다 빛 세례에 놀란 듯 어쩔 줄 몰라 한다. 새끼손톱처럼 생긴 씨가 침입자의 손놀림을 미끌미끌 거부한다. 애호박일 때는 이렇지 않았다. 간초롬히 둘러앉아 자리를 잡고 있었다. 어찌 될지 모르는 운명을 서로 부둥켜안고 의지하는 동지애가 애틋하다.

낯설지 않은 향기에 자꾸 숨을 들이마신다. 과일 향처럼 새콤하지 않으면서도 상큼하다. 디퓨저처럼 억지스럽지 않은 천연 그대로의 향이다. 화사한 색감에 비해 향이 그닥 과하지 않으니 겸손이다. 자신을 내세우지 않는 사람에게 더 마음이 가듯 은은한 호박 향기에 자꾸 이끌린다. 익숙하다. 한여름 애호박에도 이런 향기가 있었다. 나이가 들어 더 진한 향을 품은 것이 사람을 닮은 것이 아닐까.

지기웅 수기자 위천하계(知其雄 守其雌 爲天下谿)라 했던가. 남성성의 강함을 갖고도 여성성의 겸손으로 스스로 자신을 낮추면 세상 사람들이 모여들기 마련이라고. 비루하고 천하게 보이지만 참으로 귀한 사람이 있는 것처럼, 푸석해 보이지만 단단한 껍질 속에 옹골지게 들어앉은 황홀한 속내는 도道에 다다른 경지가 아닌가.

애호박은 매끈하고 탐스러웠다. 미끈한 몸매와 상큼한 젊음은 온전히 내 것인 줄 알았다. 나이가 든다는 것은 그저 행세할 수 있는 권한이 커지는 것으로만 여겼던 때가 있었다. 중년을 맞기 위한 아무런 준비도 마련하지 못했다. 가랑비쯤은 아무것도 아니라 생각했다. 오만함을 나무라듯 점점 거센 비바람이 후려갈겼다. 온몸을 가릴 만큼 커다란 잎사귀도 이를 막진 못했다. 간신히 가지를 붙들고 홀로 버텨야 했다. 줄기에 매달린 채 나는 점점 몸집을 키웠다. 세상엔 나 혼자라 여기며 어둡고 건조한 터널을 지나오느라 단단한 껍질로 무장할 수밖에 없었다. 바늘로 찔러도 피 한 방울 안 나올 것이라 했지만 피는커녕 눈물 한 방울의 여유도 없었다. 나의 페르소나는 그야말로 혼합색이었다.

혼자만의 시간이 필요했다. 다행히 신의 눈길이 내게도 머물렀는지 언제부턴가 혼자 지내는 시간을 오히려 즐기고 있었다. 나를 질책하고 다독이고 혼자 절망하다 다시 우뚝 서기를 반복했다. 주위를 둘러봐도 나를 대신해줄 사람은 없다는 것을 깨달았을 때 이미 나의 껍질은 단단해져 있었다.

이제 나도 잘 익은 호박처럼 겉과 속이 다른 여자였음 좋겠다. 늘어나는 주름과 메마른 피부가 무슨 대수랴. 소소한 일에도 감동할 줄 알고 남의 아픔을 뜨거운 눈물로 함께 울어줄 줄 아는 그런 촉촉한 가슴이면 좋겠다. 지나온 세월만큼 겪어야 했던 온갖 풍상이 좋은 영양제가 되어 변치 않는 향을 오래 간직하면 좋겠다.

잘 익은 호박이 겉보기만 풍성한 것이 아니다. 씨를 모두 긁어내고 껍질을 벗겼는데도 양이 엄청나다. 이 만큼은 뭉근하게 끓여 달근한 호박죽을, 또 요만큼은 잘게 다져 호박케이크를, 그리고 또 이 만큼은 이웃과 나누어야겠다. 창으로 새어 들어온 한 줌 햇살이 담홍빛 속살에 내려앉는다. 단단하던 맷돌호박이 빗장을 풀고 세상을 맞아들인다. 낫낫한 성정에 섣달 찬바람도 잠시 쉬어 가려나. 나도 호박처럼 늙고 싶다.

심심하면
안 되나요

"이제 미술 학원에라도 보내야겠어요."
"…? 아이가 그림을 좋아하나 보죠?"
"그게 아니라…."

아이의 어머니는 답답한 듯 말끝을 흐린다. 학원을 더 보내자니 경제적 부담이 만만찮고 그냥 집에서 혼자 지내게 하자니 내 아이만 뒤처지는 것 같아 불안하다는 것이다. 이것저것 해보라고 권해보아도 늘 신통치 않아 하며 혼자 노는 것을 좋아한단다. 어떤 때에는 집에서 멍하니 혼자 있을 때가 많단다. 이를 지켜보는 엄마는 아이가 답답해서 미칠 지경이다. 하나라도 더 배우고 익혀야 하는데 시간이 아깝다는 것이다. 이제 겨우 아홉 살 된 어린아이인데···.

어렸을 때 나도 비슷했다. 나 역시 늘 마당 가를 빙빙 돌며 혼자 지내던 때가 참 많았다. 물론 그때는 글을 모르니 책을 읽을 줄도 몰랐고 장난감이라야 깨진 사기그릇 조각이나 병뚜껑 같은 것이 전부여서, 그런 나부랭이를 모아 소꿉놀이를 하는 것이 고작이었다. 혼자서 엄마도 되었다가 아기도 되었다가 어떤 때에는 방앗간 주인이 되기도 했다. 막대기 하나 들고 마당에 이리저리 그림을 그리면 그 넓은 마당이 온통 스케치북이었다. 뒤뚱대는 암탉을 따라다니는 강아지를 쫓으며 그들만의 세계에 끼어들기도 했다. 비 온 뒤에 생긴, 지렁이처럼 길게 누운 물길을 따라가면 그곳에도 나름 자그마한 세상이 옹그리고 있었다. 나를 외면하듯 잎을 돌돌 말아 입을 굳게 닫은 진분홍 무궁화를 보며 행여 내일이면 다시 피어나지 않을까 허우룩한 기대를 걸기도 했다. 가끔 몽실몽실 피어오른 구름 사이로 햇살이 스미면 요상한 세상이 만들어졌다. 사다리를 타고 오르면 금방 닿을 것 같은 저 구름 너머에는 누가 살고 있을지 궁금했다. 이다음에 어른이 되면 꼭 찾아가겠노라 싶다가도 어느새 사라진 구름 동네를 바라보며 퍽이나 아쉬워했다. 글을 읽을 수 있게 되었을 때 내가 상상했던 세상은 동화책 속에 다 있었다. 가르침은 없어도 보고 생각하며 배울 것은 많았다.

상상은 창조의 근원이다. 눈에 보이지도 않고 행동으로 내보일 수도 없는 상상은 수많은 가능성을 품은 깊은 샘물이다. 아이들의 눈과 가슴은 어른이 정한 세상이 아닌 자신의 세상을 향해 활짝 열려있는 것이다. 멍하니 있는 것이 아니라 머리에 가슴에 더 많은 것을 품으려 준비하는 중이다.

  부모는 아이가 '좋아하는 것'보다 '좋은 것'을 하기를 권한다. 아이가 '바라는 것'보다 '바람직한 것'을 하라고 한다. 뭐라도 꼼지락거리거나 쉴 새 없이 배움의 마당에 뛰어들어야 부모는 마음이 놓인다. 어른의 잣대로 만들어 놓은 기준이나 가치, 목적성에 아이를 맞추려는 것이다. 그래야 사회에서 인정받고 유능한 인재가 될 수 있다고 믿는다. 그것이 마치 인생의 지상 목표인 것처럼. 어떤 특정한 이념을 만들어 놓고 이에 맞추라고 하는 것은 일종의 폭력이다. 부모로서 권리남용이다. 생각마저 조종하려는.

  아이에게 무엇을 더 가르칠까 궁리하기보다 아이의 무한한 가슴 속을 함께 들여다보는 것이 우선이지 않을까. 종縱으로 줄을 세운 세상 말고 횡橫으로 펼쳐진 세상을 보여주고 싶다.

행복센터

'내비를 어디로 찍고 가야 하지요?'
'○○ 행복센터'

행복센터라니 말만 들어도 행복을 그득하게 담아주는 곳인가 보다.

서로 바쁜 우리는 문자로 간단히 주고받았다. 며칠 전 지인으로부터 퇴비를 가져가라는 연락을 받은 터였다. 농업인인 그는 정부에서 받은 퇴비 두어 포대를 초보 농군인 내게 나누어주겠단다. 고마운 마음에 덥석 대답해 놓고 가지러 갈 짬이 영 나질 않았다. 틈새 시간에 얼른 다녀오려고 내비를 찍었다.

'○○ 행복'까지만 치면 검색 결과가 없다고 뜬다. 여러 번 시도를 해봤지만 허사다. 휴대폰 앱으로 검색해도 보이지 않는다. 그럴 리가…. 뒤로 또 다른 약속이 있어 얼른 다녀와야 하는데 마음이 조급하다. 퇴비를 가져가라고 했으니 아마 ○○읍사무소로 가면 될 듯싶었다. 별관이라고 했던 말이 생각나 ○○읍사무소 별관을 검색했다. 금세 확인은 되었지만 지도를 잘못 본 탓에 근처에서 뱅글뱅글 돌다가 겨우 찾아갔다.

반가운 마음에 쪼르르 가까이 갔다. 무언가 가득 쌓여있는데 내가 가져가야 하는 퇴비는 없다. 마침 직원으로 보이는 사람이 있어 물어봤더니 내가 가져갈 것이 아니란다.

지인에게 다시 전화를 걸었다. 내가 가야 할 곳은 여기가 아니라 ○○ 행복센터 창고 앞이란다. 별관이 아니라 창고였다니…. 그는 관공서도 찾아가지 못하는 나를 도무지 이해하지 못하겠단다. 더는 시간을 지체할 수 없어 포기하고 그냥 돌아오는 길이다.

무엇이 잘못 되었을까? 평소에도 길눈이 어두운 탓에 낭패를 보는 수가 한두 번이 아니니 뭐라 큰소리칠 처지도 못 된다. 아무리 그렇다 해도 내비에도 나오지 않는 것을 어떻게 하란 말인가. 답답한 건 나인데 오히려 답답하다는 듯 상기된 그의 목소리가 귀에 쟁쟁하다.

○○ 행복센터, ○○ 행복센터…. 몇 번을 되뇌이다 가까스로 생각나는 것이 있었다. '○○ 행.정.복.지.센터'

그런가? 다시 검색을 했더니 버젓이 나온다. 행정복지센터라는 말이 익숙지 않아 벌어진 일이다. 지인은 줄여서 알려주었고 나는 그대로 받아 검색을 했으니 나올 리가 없다. 행정복지센터라는 말을 알아듣지 못한 내 탓이었다. 언제부턴가 동사무소라는 말에서 겨우 주민센터를 익혔는데 이제 다시 행정복지센터라니 헛웃음이 나온다. 복지라는 말이 어디 내게 가당키나 한가 말이다. 아동복지, 청년복지는 물론 노인복지도 아닌 그야말로 행복한 세대가 아닌가. 그런 내가 행복센터를 찾지 못해 발을 동동 굴렀다니….

지난번 아들이 왔다가 서울로 돌아가면서 '잘 도착했어요. 고터예요.' 하는 바람에 며칠 수수께끼를 풀어야 했다. '고터라니 거기가 어디길래 아들은 거기까지 갔을까.' 이삼일을 생각하다 물었더니 고속 터미널이란다. 이런….

멀쩡한 우리말을 두고 무에 그리 바쁘다고 말을 줄여서 하는가. 게다가 줄여 쓰는 은어를 알아듣지 못하면 금세 시대에 뒤떨어진 뒷방 늙은이가 되어 대화에 비껴날 수밖에 없다. 국어 아닌 우리말을 다시 공부해야 할 판이다. 아니 어쩌면 줄여서 쓰는 은어를 표준어로 삼는 날이 오지는 않을까 두렵다. 표준어란 교양있는 사람들이 두루 쓰는 현대 서울말이거늘 줄임말 역시 교양 있는 많은 사람이 서울뿐만 아니라 전국적으로 두루 쓰고 있으니 줄임말을 표준어로 삼자고 할 날이 멀지 않은 것 같다.

　심지어 한국어를 배우는 외국인에게조차 소통을 위해 은어를 먼저 가르쳐야 하니 뭐가 잘못돼도 한참 잘못 돌아가고 있는 것은 아닌지 생각해 볼 일이다. 줄여 쓰는 말이 품위 없이 들리는 것은 나만 느끼는 것일까? 줄임말은 왠지 물건값을 깎아 할인받은 말 같다. 정품이 아니란 말이다. 정품을 쓰는 사람이 짝퉁 쓰는 사람 앞에서 기가 죽는 것은 어인 일인가.

　세종대왕은 우리말이 중국과 달라 백성들이 말하고자 하는 바가 있어도 마침내 그 뜻을 펼칠 수가 없으니 이를 불쌍히 여겨 새로 글자를 만든다고 했다. 지금은 한문과 다른 것이 아니라 우리끼리도 소통이 어렵다. 내가 바로 그 불쌍한 백성이 되고 말았다. 세종대왕님을 불러본다.

　"이게 맞나요?"

가지치기

아프다. 아파도 너무 아프다. 너의 눈길이 내 몸에 머무는 순간마다 아찔해. 서슬이 퍼렇군. 하늘을 찌를 듯 기다란 가위의 앙다문 입이 두려워. 고개를 이리 기웃 저리 기웃, 매서운 눈으로 나를 쏘아보지 마.

채칵채칵 싹뚝….
아프겠지. 나도 아픈 걸. 이웃에서 이렇게 해야 한다고 알려주지 않았다면 아마 나는 네게 손을 댈 생각도 하지 않았을 거야. 이제 막 꽃을 내린, 여리디여린 너를 잘라내야 하는 내 마음도 편치 않아. 아직 자라보지도 못한 채 잘려나가는 네 모습이 꼭 나를 보는 듯하여 마음이 아프다. 그래도 어쩌겠니?

나 이제 겨우 살갗을 가르고 세상에 나와 빛을 보게 된 지 한 달이나 겨우 되었을까. 아직 초록 물도 들지 않은 이파리를 조롱조롱 달아놓고 햇볕 세례를 받으며 하루하루가 흐뭇했어. 햇귀가 꽃잎에 스미는 아침부터 노을이 마당을 기웃거릴 때까지 온전히 너의 관심은 내게로 향하지 않았던가? 나신으로 한겨울 찬바람을 맞고 서 있을 때도, 이리 보고 저리 보며 우리가 만날 날을 조바심으로 기다려주었잖아. 덕분에 힘을 얻어 용케도 버텨낸 나는 해토머리를 맞아 차츰 생기를 찾기 시작했는데. 네가 다시 붓을 들기 시작했을 때처럼 말이야.

그래, 40년을 묵힌 글솜씨에는 어설픈 땟국이 자글자글했지. 글 한 편을 쓸 때마다 스스로 대견해 했으니…. 어둑한 눈으로 다른 사람의 농익은 글을 탐독하면서 부러움과 조바심으로 매일매일 활자와 씨름한 시간이 얼마던가. 물 들어올 때 노 저으라시던 지도 선생님의 격려 말씀이 나를 춤추게 했고, 그 바람에 글은 차츰 윤기를 머금은 듯했어. 주변에서는 문단에 오르라는 권유도 심심찮게 들려왔고 그런 말들이 싫지도 않았거든.

기지개를 크게 켜고 나니 온통 내 세상이었다고. 실바람이 간지러워 몸을 파르르 떨다가도 살풋한 햇살에 나는 마냥 행복했지. 삭막했던 세상이 유채색으로 물들자 '불행 끝 행복 시작'이라고 추운 겨울을 버텨낸 결과는 화사하다 못해 찬란했어. 동네가 온통 분홍빛으로 술렁이고 수줍은 내 얼굴에도 덩달아 웃음꽃이 피었어. 네가 아침저녁으로 마당 이곳저곳을 서성이며 카메라 셔터를 눌러대는 손끝은 낫낫했어. 그래, 세상 사는 맛이 이런 거지. 발걸음마다 향기를 뿜어내는 네게도 이런 때가 있었을까?

처음 문단에 발을 들여놓았을 때 여기저기서 들려오는 말들이 나를 흥분케 했어. 작품 하나 쓸 때마다 마음에 꽃 한 송이씩 피워냈는데 말이야. 첫 수필집이 세상에 나오면 사람들이 깜짝 놀랄 거라는 솔깃한 말에 얼마나 가슴이 뛰었던지. 나의 꿈은 영원히 터지지 않을 풍선처럼 마냥 부풀어 올랐거든. 문단에 오르고 나니 책을 내보라고, 아니 빨리 내야 한다고 부추기는 사람들도 있었어. 그때를 생각하면 글밭에서 나의 존재는 그야말로 핑크빛이었네. 세상을 다 가질 듯이 말이야. 쏟아지는 출간 축하 메시지에 내 마음은 너울너울 춤을 추었지.

화려한 공연이 끝난 뒤의 공허함이 이런 것일까. 너의 눈길이 더는 내게 머물지 않더군. 몸이 나른해지더니 꽃잎도 시들시들 떨어졌어. 그 자리엔 기다렸다는 듯이 파릇파릇 새 살이 돋더라. 넓은 세상으로 나와 이제 나의 자태를 맘껏 뽐내리라 야무진 꿈을 꾸었는데…. 영원한 건 세상에 없나 봐. 내게서 멀어져가는 너의 뒷모습이 야속해. 무관심의 아픔을 너는 알까?

 볏논에 메뚜기 날뛰듯이 여기저기 이름만 나기를 바랐던 것은 아닐까. 그래. 출간 후 여태껏 어느 곳에서도 청탁 한 번 받지 못하는 것은 여전히 미숙한 글 때문일 테지. 공연히 헛물만 켠 거야. 그동안 격려를 칭찬으로 착각했고 작은 칭찬에 마음만 너풀댔어. 나는 글을 왜 쓰는 걸까? 내가 조바심을 내는 것일까? 처음 수필교실에 발을 들였을 때가 생각나네, 천천히 걷겠다던.
 처. 컥. 처. 컥.

 여기저기 널브러진 나의 파편들이 애처롭다. 부지런 떨며 일찍부터 서두른 수고가 모두 허사라니. 아니, 세상에 헛된 것은 없는 법. 나의 새 살을 도려내면 머지않아 다시 새순이 돋아나겠지. 지금 나의 아픔이 더 튼실한 가지를 키우고 더 탐스러운 꽃을 피우려는 것이라면 기꺼이 받아들일래. 순간의 고통은 더 많은 것을 얻기 위해서일 테니까. 더욱 건강한 가지와 꽃을 피우려면 이까짓 아픔쯤이야 얼마든지 참아낼 수 있어. 내년을 기약하자.

그래, 맞아. 생각을 가지치기해야 해. 헛된 명성도 어쭙잖은 글에 대한 집착도, 평가에 대한 기대도 모두 도려내야 해. 불필요한 단어나 문장도 과감하게 잘라내 퇴고하듯이 내 마음의 무게도 끝없이 덜어내야겠어. 글도 곰삭아야 숙성된 맛이 나온다고 하지 않아? 밖을 쳐다보지 말고 내 안을 들여다봐야겠어. 내 안에 넓고 깊은 방을 만들어야지. 서두르지 말고 차곡차곡 아래서부터 다시 쌓을래. 나도 너처럼 생각의 잔가지를 잘라내면 언젠가 더 많은 꽃과 열매를 맺지 않을까?
채칵채칵 싹뚝.

호떡과 햄버거

입에 맞는 떡이 없다. 여름이 다가오니 새 옷을 장만할까 싶어 백화점을 찾았다. 이것저것 입어 봐도 영 맵시가 나지 않는다. 쭉쭉 빵빵 늘씬한 다리면 얼마나 좋을까. 마네킹이 입은 7부 바지는 내가 입으면 발목까지 온다. 나이가 들수록 어깨에 살만 잔뜩 붙었다. 헐렁하게 입으면 편할 텐데 거울에 비친 내 모습은 푸짐하기만 하다. 나의 몸매에 대한 착각이 무참히 깨지는 순간이다. 결국 아무런 결정도 못하고 서글픔만 안은 채 돌아섰다.

점점 매사에 자신이 없고 주눅이 들 때가 많다. 어느새 불룩해진 아랫배를 이제 더는 가릴 재간이 없다. 아무리 힘을 주어도 소용없다. 살이 붙어 떡 벌어진 어깨를 감추려 자꾸 움츠리게 된다.

고등학생 때였다. 길에서 우연히 중학생 후배를 보게 되었다. 그는 호떡을 먹으면서 걸어가고 있었는데 주변을 의식해서인지 고개를 숙인 채 허겁지겁 먹고 있었다. 내가 바라보고 있는 것도 모르고 먹는 데만 열중이었다. 집이 코앞인데 얼마나 허기졌으면…. 길에서 먹는 것까지는 그렇다 해도 잔뜩 움츠린 어깨 때문인지 먹는 모습이 퍽이나 측은해 보였다.

한 손에 가방을 들고 트렌치코트 자락을 날리며 햄버거를 먹는 영화 속 서양 사람은 그렇게 측은해 보이지 않았다. 아니, 빠른 걸음으로 누구도 의식하지 않고 입을 쩌억 벌리고 당당하게 먹는 모습은 오히려 멋있어 보이기까지 했다. 길거리에서 먹는 모습은 같은데 호떡을 먹는 사람은 불쌍해 보이고 햄버거를 먹는 사람은 왜 멋있어 보였을까.

이 문제로 나는 꽤 오랜 시간 궁금증이 가시지 않았다. 호떡과 햄버거의 메뉴 차이는 분명 아니었다. 문화 차이 때문일까. 우리는 부모님이나 선생님으로부터 길거리에서 음식을 먹으면서 다니면 안 된다고 배워왔다. 당연히 후배는 규범을 어기고 있었기에 본의 아니게 눈치를 보았을 것이고 햄버거를 먹는 서양 사람은 바쁜 시간을 쪼개 틈새 시간에 식사를 때우는 중이었으니 흉이 될 리가 없다.

맞다. 사람은 당당해야 아름답다. 반지하인 우리 집은 볕이 잘 들어서 참 따뜻하니 놀러 오라고, 아파트에 사는 친구에게 스스럼없이 말하는 젊은 새댁을 본 적이 있다. 그때 그녀가 그렇게 멋있어 보일 수가 없었다.

부족한 듯해도 부끄럽다 여기지 않고 솔직하게 드러내는 사람이 아름답다. 많이 알지 못해도 알고 있는 만큼은 안다고 자신 있게 말하는 용기 있는 사람이 아름답다. 자신의 의견을 말해야 할 때도 주저주저하며 다른 사람의 눈치를 살피기보다 선뜻 나의 생각을 먼저 표현하는 사람이 당당해 보여서 좋다. 자신의 결점은, 반지하에 사는 것은, 나의 생각을 먼저 말하는 것은 흉이 아니잖는가.

나의 어깨가 넓어서 옷맵시가 나지 않는다고 움츠러들지 말아야겠다. 아랫배가 나왔다고 애써 힘주지 말자. 나이가 들면 자연스러운 현상이지 죄는 아닐 것이다. 비록 덧니라도 활짝 웃어야 예쁘다. 길거리에서 호떡을 먹는 것도 죄가 될 수는 없다. 어깨를 쫙 펴고 당당하게 먹어보자. 당당한 모습이 아름답다.

[출간에 부쳐]

그림자에서 벗어나는 용기

이방주(수필가, 문학평론가)

존재의 근원을 찾아가는 삶의 여정

珠蓮 강현자 수필가가 그새 두 번째 수필집을 낸다고 한다. 그는 2019년 11월, 월간《한국수필》에〈관계〉,〈나를 보내며〉를 발표하면서 수필을 쓰기 시작했다. 등단한 지 채 2년이 되기도 전인 2021년 5월에 충북문화재단의 창작지원 대상으로 선정되어 수필집《나비가 머무는 이유》(2021, 도서출판 직지)를 출간하여 세상을 놀라게 한 바 있다. 그런데 3년 만에 두 번째 작품집을 묶어낸다고 한다. 우리가 놀라는 것은 짧은 기간에 많은 작품을 창작했다는 사실이 아니라, 그동안 얼마나 인식의 도道를 담금질하고 형상의 기技를 벼리어왔는지 작품으로 말해주기 때문이다. 수필을 향한 그간의 천착은 표면에도 드러나 사단법인 한국수필가협회에서 발간하는 월간《한국수필》의 올해의 좋은 수필에 선정된 것은 물론이고, 발걸음 에세이를 연재하여 지역의 문화유적을 알리고 기행과 수필의 관계를 바로 알리는 데 큰 역할을 했다. 최근에는 계간《수필미학》에 생태수필을 연재하여 생태수필의 개념을 분명하게 하는 데 또한 이바지하고 있다. 소속된 문학단체에서 발간하는《수필미학》편집장으로 좋은 책을 만드는 데 전념하고 있다. 청주시 1인1책 펴내기 지도강사로 3년째 봉사하며 재능

기부에 앞장서고 있다. 그가 좋은 글을 쓸 수 있는 것은 진정성을 가지고 정진하는 것 외에 어짊을 담아 남을 가르치는 데 정성을 다하기 때문이라고 생각한다. 알게 모르게 가르치며 서로 배우는 덕도 보고 있는 것이다.

珠蓮을 우리 수필교실에서 만난 것은 우연이 아니다. 몇 시간 강의를 듣자마자 작품이 쏟아져 나왔다. 문학이 얼마나 그리웠으면, 문학에 대한 사유가 얼마나 깊었으면, 쌓였던 미감이 강물처럼 흘러넘쳤을까 짐작이 간다. 처음 그의 글은 구성이 서툴고 문장은 매끄럽지 못했지만 사물을 인식하는 시선만은 색다르고 예리했다. 게다가 고백이 진솔하고 용기 있었다. 수필은 세계에 대한 인식이 독창적이고 대상의 본질을 바로 알면 형상은 절로 이루어진다. 그가 나를 만나 수필을 공부하게 된 것이 수필의 덕이라면, 훌륭한 후학으로 그를 만난 것은 수필에 쌓은 내게 돌아온 복이라 생각한다. 처음부터 수필 문단에 크게 기여할 재목으로 생각되었다.

그는 이미 겨울 냉이가 더 단단하고 상처받은 뿌리에서 나는 향기가 더 짙다는 것을 잘 알고 있었다. 그렇다. 문학은 겨울을 견디어 이겨내야 단단해지고, 받은 상처를 치유한 사람이 향기로운 수필을 쓸 수 있다. 그래서 작가는 자신이 처한 삶의 세계가 겨울인지를 알고 상처를 바로 볼 수 있어야 한다. 뿐만 아니라 자신의 상처를 감춤 없이 고백하는 용기도 있어야 한다. 그것이 곧 거대한 검은 그림자로부터 벗어나 자신의 그림자를 볼 수 있는 지름길이다.

  그는 자신의 그림자가 어디에 드리워져야 할지 잘 아는 작가이다. 존재의 근원을 알아야 빗장을 열고 세계로 나아가 존재를 실현할 수 있을 것이다. 존재의 근원을 알지도 못하고 욕망과 희망 사이에서 서성이다가 날 저무는 길가에서 서리 병아리가 되어 '삐악삐악' 영혼 없는 푸념으로 삶을 허비하는 사람이 아니다.

  사람들은 그의 웃음을 정겹다고 한다. 그래서 아마도 유복한 가정에서 어린 시절을 보냈을 것이라 생각한다. 그러나 생활의 영역은 어린 시절과는 다른 어둡고 커다란 그림자 안에 머물러 있었다. 어두운 그림자 안에 있으므로 자신의 그림자를 찾을 수 없었던 것이다. 나이가 들고 나서야 밖에서 바라보게 되고 비로소 선명한 그림자를 볼 수 있었다(《하얀 그림자》). 그것은 그에게 보이지 않는 거울이었던 것이다. 보이지 않는 거울 안에서는 그의 향기도 보이지 않았다. 존재의 근원을 알아야 자신의 꿈이 욕망인지 희망인지 알 수 있을 것이다. 욕망인지 희망인지 구별해야 깨진 자아를 추슬러 수행의 발걸음을 내디딜 수 있을 것이다. 그렇게 그림자를 벗어난 후에도 부당한 세계로부터 끊임없는 도전과 시련을 받았다. 좌절의 위기를 겪으며 욕망과 희망 사이에서 방황하게 되었다. 그러나 문학을 향한 열정에 의하여 그에게 닥친 고난과 시련은 진한 향기를 가진 겨울로 승화되었다.

관계를 바탕으로 상생의 씨앗을 심는 수필

　수필은 무엇일까. 어떤 수필이 좋은 수필일까. 책머리에 비교적 짤막한 작가의 말에서 어디에 시선을 두고 수필을 쓰는지 분명하게 밝혔다. 첫째는 비록 바람에 흔들릴지라도 두께는 도톰해지고 색깔은 짙어져야 한다는 것이다. 변환과 성장을 가져오는 수필을 의미한다. 둘째로 욕망과 희망 사이에서 서성이면서도 내려놓을 것을 내려놓아야 한다고 했다. 이를 불가佛家에서는 '방하착放下着'이라고 말한다. '손을 내려놓으라'는 말이다. 쉽게 말하면 집착에서 벗어나 욕망으로 향하는 손을 내려놓고 순순한 마음으로 희망을 가지라는 의미이다. 수필을 수행의 문학이라고 본 것이다. 그는 문득 아파트라는 그림자를 벗어나 전원주택으로 이사했다. 첫 수필집 《나비가 머무는 이유》를 출간한 이후 머무는 것이 아니라 날아갈 이유를 찾은 것이다. 그래서 암울한 그림자도 없고 어둠 속에서 오히려 별이 많이 뜨는 '별마루'에서 전원생활을 시작한다. 별마루라는 터전에서 텃밭을 갈며 수필의 씨앗을 심는 일을 일상으로 한다. 당연히 자연의 깨우침에 귀를 기울이게 된다. 그것은 그냥 자연을 사랑하는 것이 아니라 생태주의 관점에서 세상을 바라보는 것이다. 이른바 생태수필에 관심을 갖고 생태계라는 커다란 그림자 안으로 들어가 자신의 그림자를 찾아가고 있다. 그의 수필에는 에코페미니즘의 사유가 담겨 있는 것이 셋째이다. 이와 같은 수필관은 그가 평소 지니고 있는 '관계'를 소중하게 여기는 삶의 철학을 바탕으로 한다. 다시 말하면 존재자는 걸어놓은 빗장을 풀고 대문을 나서야 세계를 만나고, 세계를 만나야 자아의 그림자를 찾을 수 있고, 그림자를 찾아야 세계 속에서 상생相生하며 참다운 존재 의미를 발견할 수 있다는 말이다.

작가의 말에서 밝힌 그의 수필에 대한 관점을 바탕으로 이 작품집을 읽노라면, 자아를 발견하고, 세계로 나아가 관계를 지으며 욕망을 내려놓고, 희망을 찾아가는 수행의 과정을 발견할 수 있다.

욕망을 내려놓고 희망으로 나아가기

그는 '무엇을 이루려고 아등바등 모으려고만 했던가. 그래서 남은 게 무엇인가'라며 존재에 대한 뼈아픈 의문을 갖는다.

그러나 아무것도 이룬 것이 없는 삶을 한탄한다. 사람은 누구나 꿈이 있고 희망이 있다. 다른 이들처럼 꿈을 이루고 좋은 날을 맞아 여유 있게 사는 꿈을 꾼 적도 있지만 생은 자신에게 좌절만 남겨주었다고 토로한다. '과연 어떤 모습을 하고 있을까', '무엇이 평상시의 모습일까', 전혀 다른 모습을 보일까'(〈버리지 못하는 버릴 수 없는〉)라면서 의문을 반복한다. 이것은 곧 존재에 대한 의문이다. 존재에 대한 의문은 극심한 고난과 시련에 부닥칠 때 갖게 된다. 그래서 시인 유치환은 '나의 지식이 독한 회의를 구하지 못하고/ 내 또한 삶의 애증을 다 짐지지 못하여/ 병든 나무처럼 생명이 부대낄 때/ 저 머나먼 아라비아의 사막으로 나는 가자'(유치환, 〈생명의 서〉)라고 고백했는지도 모른다. 이처럼 강현자 수필가도 육체의 아픔이라는 '아라비아 사막'에서 '마음의 극심한 아픔'으로 '원시의 본연한 자태'에 대한 '독한 회의'를 품게 된다.

　원시의 본연한 자태에 대한 독한 회의는 작품 〈욕망과 희망 사이〉에서 서성이는 자아를 발견하면서 풀리게 된다. 이 작품에서 작가는 서리태 농사를 실패한다. 그리고 씨앗을 심으면서 '나누고 싶었던 얼굴을 떠올린' 꿈을 희망이 아니라 '무모한 욕망'으로 규정한다. 그것은 작물을 돌봐주지도 못하고 결과만 기다렸기에 허황된 욕심이라는 것이다. 빈 콩대를 태우면서 욕망의 유골을 자연에 맡겨 희망이 되기를 바란다. 그리고 그는 이렇게 깨닫는다.

> 천지지간은 풀무와 같아서 아무것도 보이지 않는 허공에서도 그 작용은 무궁무진하다 했다. 바람을 만들고 그 바람은 계절을 만들고 계절 속에 만물은 피고 지고….
> 허공도 그러한데 하물며 재가 품고 있는 희망은 말해 무엇 하랴. 욕망의 무게에서 산화된 영혼 없는 재는 하얀 희망이 되어 다시 찬란한 봄을 기약하리라. 초보 농군의 첫 가을이 그렇게 흩어져 간다.
> — 〈욕망과 희망 사이〉에서

모든 것은 자연이 이루는 것이지 인간이 올리는 욕망의 손길대로 되는 것은 아니다. 자연이 스스로 이루기를 바라는 마음, 그것이 바로 욕망과는 다른 희망이라 할 수 있을 것이다. 이것이 바로 생태주의 사고이다. '욕망은 재가 되고 재는 하얀 희망이 되는 봄'을 기다리는 것이다. 단순하게 보이는 이 글에서 '원시의 본연한 자태'를 확인하고 순환하는 우주의 질서와 자연의 법칙을 가늠하게 된다. 그 결과 뜬구름 잡기 같던 욕망 내려놓기를 한다. 또 다른 작품에서는 '하얀 구름 아래 거대한 악어 떼가 호수를 향해 기어들어가는' 명품 사진을 꿈꾸며 높은 곳에 올랐지만 실패한다. 구름은 역시 뜬구름이었다

(《뜬구름 잡으러》). 여기서 그는 이른바 욕심과 성냄과 어리석음이라는 삼독三毒을 내려놓는다. 방하착이다. 욕망을 넘어서는 희망을 확인한다.

  수도자라 할지라도 하루아침에 욕망 내려놓기를 실행한다는 것은 쉬운 일이 아니다. 종교적 수행자들도 평생 방하착을 목표로 보내기도 한다. 작가가 욕망과 희망 사이를 알고 내려놓기를 시도하는 것만으로도 수행의 한 결과라고 생각한다. 여기서 '관계'라는 소통의 방법을 발견한다. 존재자가 존재로 나아가기 위해서는 빗장을 열고 상대의 손을 잡고 서로를 알아가야 한다. 그것이 관계이다. 이러한 사실을 그는 유리벽을 기어오르는 나팔꽃 덩굴을 상관물로 확인한다. 유리벽을 뚫고 나가고 싶은 나팔꽃은 유리벽이 답답하다. 유리벽은 자신의 주장대로 따르지 않는 나팔꽃이 불안하다(《나팔꽃과 유리벽》). 작가는 소통이 없는 두 사물이 답답하다. 여기서 노자의 무지무욕無知無欲을 생각해낸다. 열린 광장으로 나가야 열린 사고를 할 수 있다는 것이다. 때로 자신이 유리벽으로 살아온 삶을 되돌아본다. 치유의 실마리를 잡은 것이다. 치유란 바로 광장으로 나아가 열린 사고를 하는 것이다. 대문의 빗장을 풀듯 마음의 가시를 빼는 것이 광장으로 가는 지름길이다.

  애초에 욕심이 없으니 누굴 밟고 일어서려는 마음도 없고 누구보다 잘해야 한다는 의식도 없는 허릅숭이에게서 그는 무엇을 보았을까. 많은 생각 끝에 이것은 그의 문제이지 나의 문제가 아니란 결론을 내렸다. 나에 대해 어떻게 생각하고 어떤 판단을 내리든 그건 상대의 소관이지 내가 관여할 문제는 아니라고 생각하기로 했다. 그는 내게 가시였다. 내 마음도 내게 가시였다. 전혀 예상하지 못한 곳에서 박혀온 통증이었다. 평소엔 무심히 지나치다가도 문득문득 생각나 나를 괴롭히던 가시의 통증, 내 오늘 드디어 가시를 뺐다.

― 〈가시를 빼다〉에서

관계를 가로막는 것은 대문의 빗장이 아니라 마음의 가시이다. 가시를 빼내는 것이 치유의 지름길이다. 그러나 그는 지름길만을 원하지 않는다. '관계는 소통'이라고 규정하면서도 느림의 여유를 추구한다. 굽은 길로 느릿느릿 걸으며 굽은 길처럼 관계를 부드럽게 한다(〈굽은 길을 걸으며〉).

변환과 성장을 기대하며

珠蓮의 작품을 읽으며 결코 일상에 매몰되지 않는 인간 강현자를 발견한다. 그는 수필을 쓰면서 존재의 근원을 확인하고 욕망과 희망 사이라는 고통의 근원도 발견한다. 여기서 그는 욕망이라는 '삼독 내려놓기'를 시도한다. 그것은 관계를 짓고 소통하고 마음 가시 빼내기라는 것을 깨닫고 오늘도 정진한다. 수필은 수행과 치유의 문학이라는 그의 수필관이 생태계에서 모든 개체와 수평적으로 관계를 맺고 소통하는 것이라는 메시지를 강하게 전하고 있다.

　작품집을 몇 권씩 펴낸다 하더라도 변화가 없으면 의미도 없다. 두 번째 수필집《욕망과 희망 사이》는 첫 수필집에 비해 변환과 성장을 이룬 수필가로서의 강현자를 보여준다. 그 하나는 사유의 폭과 깊이가 매우 두터워졌다는 것이다. 그의 일상은 그저 일상으로 치부되고 마는 것이 아니라 대상의 본질을 발견하고 삶의 철학으로 개념화되었기에 깊은 울림을 주고 있다는 점이다. 대상을 바라보는 그의 시선은 수평적이다. 시선은 직관이지만 사유와 상상은 굴절된다. 마치 스테인드글라스stained glass처럼 영롱하게 변환된 메시지로 전해진다. 그림자를 벗어나는 용기가 있었기에 인식의 범위가 유리벽을 뚫고 열린 광장으로 나갈 수 있었던 것이다. 문질빈빈文質彬彬이라 한다. 주제와 문채文彩가 조화를 이루어야 한다는 말이다.《욕망과 희망 사이》는 형상에도 변화를 가져왔다. 그의 글은 다양한 구성법을 수용하였다. 교차구성, 유비구성, 시점 및 서술자의 이동 등 실험적인 구성법을 수용하여 성공하였다.

문장은 짧고 단순하나 품은 의미는 넓고 광활하다.

珠蓮은 부지런한 작가이다. 그러나 그는 서두르지 않는다. 서두르지 않지만 게으르지도 않다. 두 번째 수필집《욕망과 희망 사이》출간을 축하하면서 사제師弟의 연을 맺은 문우로서 기대하는 일이 있다. 창작의 열매는 행복의 향유이다. 행복의 뿌리는 사랑이다. 자기와 이웃은 물론 삼라만상을 모두를 사랑하면서 상생하는 것이 행복의 시작임을 잊지 말았으면 좋겠다.《욕망과 희망 사이》에서 깨달은 것처럼 진정성을 가지고 자신을 사랑하고 어짊으로 세계를 대하면 문학은 절로 이루어질 것이라는 진실을 깊이 새겨 두길 바란다.

강현자 수필가가 훌륭한 문인으로서 성장하는 모습을 바라보는 기쁨으로 가슴이 벅차오른다. 한국 수필문학의 역사를 쌓아 올리는 데 작은 벽돌 하나가 되기를 비는 마음 간절하다.